教師と学生が 知っておくべき

教育動向

武田明典 編著
Takeda, Akenori

The Trend of Education
What teachers and students should know

北樹出版

は じ め に

　表紙写真の子どもたちの笑顔は、心の底から見せたものです。写真を見ていると微笑ましく、また、私たちにもパワーを与えてくれます。写真の子どもたちは、私が、福島県南相馬市でスクールカウンセラーとして通って 6 年目になる小学校での一場面です。

　本校は、福島の優秀な教員に加え、全国からの震災支援による数多くの訪問講師、支援による充実した校舎設備、そして、人型ロボットのペッパー教材をはじめとした最新のICT教育などによる、日本の教育の先端を行く学校です。子どもたちが成人になる頃には、震災の辛い経験をバネとし、それまでのさまざまな教育経験が花開いていくことでしょう。

　一方、東日本大震災の復興の遅れに加え、いわゆる"原発避難いじめ"など社会の無理解については、とても悲しくなってしまいます。この背景には、日本における社会的問題があり、そして、その根源には教育の格差問題にまでも及ぶのではないでしょうか。これらの問題に立ち向かうためにも、さらには、これからのグローバル社会や人工知能・ヒューマンアンドロイドとの共存かつサバイバルのためにも、子どもたちへの教育、および、それを担う教師の役割は、今後、一層重要になっていくことは言うまでもありません。

　さて、本書はタイトルが示すように、文部科学省による研修項目を網羅した教員免許更新講習、つまり、現職教員を対象としたテキストを意図しております。次いで、教師を目指す大学生のための「教職概論」「教師論」などの教員免許取得のための専門科目（教職の意義及び教員の役割・職務内容）にも対応しております。加えて、教育現場に直結するテーマのコラムも充実させましたので、大学の担当講師は、15 章のうちの特定章を割愛し、コラムの内容を拡大させて"章扱いの授業"を展開することが可能となります。

　本書は神田外語大学特別研究助成が契機となり企画を行い、教育学や心理学の分野において第一線で活躍の学者に加え経験豊かな実践家による執筆陣をそろえることができました。また、神田外語大学小柴孝子特任教授、同、出版助成担当中村司氏、そして、北樹出版の福田千晶氏にお世話になり感謝致します。

　最後に、ご関心をお寄せいただいた本書読者の皆様に感謝申し上げます。

平成 29 年 8 月

編者　武田明典

目　　次

教師と学生が知っておくべき

教 育 動 向

Chapter 1

学び続ける教師と
学校文化のために

1. 学びの専門家として育ちあう

1. 教師としての生涯発達

　教師は、教壇に立ったその日から学校では「先生」と呼ばれ、指導の専門家として認められるようになる。しかし、その名にふさわしい専門家となるためには、「教える専門家」は「学びの専門家」となることが求められる。生徒は日々学ぶことで成長し続ける。その成長に応えていくには、教師もまたそれに応じる責任（responsibility）が求められる。学ぶとはどのような過程かを教師自らが経験し示すことで、学びのモデルとなることができる。この意味で教師は探究者 "teacher as researcher" である。

　教師の専門性の中核は、授業にある。授業に関する実践的知識と指導技能、それらの知識と技能に基づく即興的判断、それらを方向づけるのは、公教育を担う倫理観と教職への使命感である。指導内容とその具体的な教材に関する知識や指導方法に関する知識、それを実際に授業で取り扱う技法だけではなく、子どもの学習過程や発達過程、学級や授業の力動的変化と展開、年間を通した変容過程について深く理解していることが、子どもにとって授業が意味ある学びの場になるために求められる。子ども一人一人はかけがえのない存在であり、各々にその独自性と差異を有している。それらすべての生徒に深い学びを保障しその差異を活かすあり方を授業で探究し始めるならば、そこには終わりはない。その追究の過程こそが、学びの専門家としての発達を支えていく。マンネリに陥ることなく、日々自らを新しくする努力のなかでこそ、子どもたちのさらなる可能性を引き出すことができる。教師自身があらたな世界に出会い学び、自らのもう一つの可能性を引き出し変容していく学びの姿こそが、生徒に生涯学習できる人間のありようを伝えていくことになる。知識基盤社会である 21 世紀には、指導内容が科学技術や国際社会の急激な変化により大きく変わり、情報技術の発展によって指導に使用できるメディアの幅も変化し、それらの変化に対応していくことが求められる時代となっている。教師にはそのなかで、生徒と学問世界、社会をつなぐ接面（インターフェイス）をどのようにデザインするのかが問われてきている。

　医者や弁護士が症例や判例から学ぶように、教師は子どもの学びや育ちの過程の事例、授業事例から学び、その専門的見識を習得していく。「神は細部に宿る」と言われる。教師の専門性もまた、どれだけ具体的事例を理解して学び直しができるかにある。授業のな

かの子どもと子ども、子どもと学びの対象世界のつながりの網の目を深く捉えられること、さらには教室に身を置く子ども一人一人の自己が、どのように授業で活かされたり脅かされたりしながら形成されていくのかという子どもたちの心の襞を、共感的に読み取れることが、子どもたちを学びに誘うのである。倉橋惣三は「教育者は、子どもを理解するとともにその心持ちを味わってやらなければならない、生きた感じをもつ音楽として、そのひびきを聴いてやらなければならない。」と著書『育ての心』で述べている。子どもの心の内奥の声を学習の過程の中で聴き取ることが、学びの専門家としての出発点にある。それは指導書で知識量を増やすことだけではなく、授業という生きた現実の複雑性の網の目を読み取るために、類似の事例をどれだけ知り、そこから自分なりに授業の原理を引き出し、あらたな事例の解釈のためにどのように活用できるかにある。

2. 授業という事例からの学び方を学ぶ

このような授業の事例から学べるようになるためには、授業実践の数をこなしているというだけでは不十分である。意図的に授業を実施してみたり、授業をあらためて分析的に捉えて振り返ってみたりすることが必要になる。よく考えられた実践を行うこと（deliberate practice）、あるいは実践をよく考えて振り返ることが必要になるのである。自分の授業を振り返り学ぶこと、また他者の授業を参観させてもらって学ぶことが、必要である。授業の見方を学び、授業が見えるようになることが大切である（秋田. 2017）。そしてそのためには、授業を記録して振り返るという過程もまた不可欠である。授業を行いながら学ぶことと、授業をあらためて振り返り学ぶことの両輪で、学びの専門家は形成される。新任期には授業のどこが問題か、なぜ上手くいったのかがわからないということが生じる。しかし、その授業をビデオや写真、文字記録等で読み取ること、先輩方の授業の見方や言葉から、授業からの学び方を学ぶことができるのである。

授業を追求していくとは、①授業をどのように見るのか、②授業の場面をどのように言語化して説明するのか、③同じ授業を他の人に見てもらったり、他者とともに見た後で同僚が語る言葉のなかで何に注目してどのように聴いたらよいのか、④振り返ったことをどのようにして、次の授業につなげていくことができるのかという四つの過程を学ぶことが大事なのである。それが「授業研究」と呼ばれる、実践者が実践から学び探究する過程である。

2. 授業研究と「学校文化」の形成

日本は明治以来「授業研究」の文化を歴史的に有している国である（秋田・ルイス, 2008）。現在では授業研究は「レッスンスタディ」と呼ばれ、世界の多くの国の教師がこの授業への探究のあり方に参加してきている。授業研究は、教師一人一人が学ぶ場であるとともに、学校としてどのような子どもたちの学びを保障したいのか、学校の教育目標を

具現化した姿で共有していく過程でもある。「授業を計画、実施、振り返り、語りあい、文字で記録する」というサイクルの積み重ねを協働して続けていくことによって、職場において専門家としての専門的見識と展望を共有でき、同僚との絆を培う場になっていく。また多様な目で子どもたちを観ることによって、子どもの学びの過程に対するあらたな見方や指導の可能性を生む機会ともなる。この意味では授業研究は、教師だけではなく、子どもにも直接還るものである。

　こうした専門家としての学びのサイクルに身を置くことによって、教師一人一人が資質を高め有能となることができると同時に、学校自体が組織アイデンティティを形成して効力感をもち、有能な学校（competent school）として機能していくことができる。それぞれに独自の強みをもった教師の専門性を相互に認めあい、誰もがリーダーシップを発揮して活かしあえるような学校の文化を形成することが、教師が教師として育ちあう文化的環境ともなる。教育のリーダーシップは管理職が作り出すのではない。教師一人一人が自分の授業を同僚に拓き、相互にその良さやその教室の生徒の可能性にあらたな意味を見出すことから、学びあう文化を担う教師一人一人の参加から、リーダーシップが生まれることによって形成されるのである。陶芸家の河合寛次郎は「一人の仕事でありながら、一人の仕事ではない仕事」という言葉を残している。教師の仕事は、この言葉に当たる職業であるだろう。教室では教師は孤独な実践者であり、多くの子どもの要求のなかでのジレンママネージャーである。しかし学校全体をみるならば、教師皆が協働することによって、未来の社会を担う子どもの育成にあたる仕事場でもある。同氏は同書で「過去が咲いている今　未来のつぼみでいっぱいな今」という言葉も残している。各地域各学校の特色を活かした独自の文化のなかで、教師同士が協働しあい、日々の降り積もるような生徒の学びの経験の質を少しでも高められるよう不断の努力を行うことで、子どもの可能性というつぼみを育てていく仕事であると言えるだろう。「私の授業、うちの学級」という閉じた見方から、「私たちの授業、私たちの学校」という意識へと、授業研究を積み重ねることを通して変わることによって、教師はその学校の教員としてのアイデンティティと誇りを形成できる。学びあうコミュニティは、現在の学校が抱える多くの困難な課題に向きあいながらも、そのなかに手ごたえと喜びを分かちあい、公教育の責任を果たす場の文化を構築していくことになるだろう。

（秋田　喜代美）

【引用文献】

秋田喜代美（2017）．授業づくりにおける教師の学び．佐藤学・秋田喜代美・志水宏吉・小玉重夫・北村友人編著　教育変革への展望　第5巻　学びとカリキュラム．岩波書店．

秋田喜代美・キャサリン・ルイス編著（2008）．授業の研究　教師の学習．明石書店．

河合寛次郎（1975）．いのちの窓．河合寛次郎記念館．

倉橋惣三（1988）．育ての心（上）．フレーベル館．

教師の成長と省察

2

1. 教員免許状の軽重

　幼稚園から高校、特別支援学校等のすべての教員免許状の合計授与件数は約22万件（2016）である。看護師国家試験合格者は5.3万人（2016）、保育士試験合格者数2.3万人（2015）、社会福祉士国家試験合格者1.2万人（2016）であるから、看護師や保育士よりもはるかに多くの教員免許状が授与されていることになる。一人で複数免許を取得している場合も多いだろうから、仮に一人が二つの免許を取得しているとすると、11万人程度が教員免許取得者となり、それでも看護や保育よりも多く流布している免許状ということになろう。2016年3月の短大・大学・大学院卒業者数は約67万人である。したがって後期高等教育を受けた人の約6人に1人は教員免許状をもっていることになる。また、2012年当時の高校卒業者は106万人だから、同世代に換算すると約10人に1人は教員免許をもっていることになる。日本人はなんと教員免許状が好きな国民なのであろう。しかしながら裏返して考えると、教員免許取得者の多さは、教師という専門職のもつ安定性や魅力に対する一定程度の評価の現れとみるべきことなのかもしれない。

　ところがこの手軽に取得できる制度であることが、現実には裏目に出ることもある。たとえば、2015年度に採用された教員は約3.2万人である。つまり、11万人程度が教員免許取得者だとすると、およそ7.8万人以上は教育実習を受けても教員にならないわけである。このような状況では「教育実習公害」という言葉が生まれても不思議ではない。多忙な教員は後輩の育成のためと思い、実習生の面倒を見れば見るほど教員免許取得者が増え、その結果、免許状の相対的な価値が下がり、教師の社会的地位が下がっていくという皮肉な現象が起きているからである。また、学級担任から見ると、学級内に教員免許を取得している保護者が3、4人いるのが当たり前になっており、教師の業務が軽々に見られているのではないかと感じる教師もいよう。

　しかしこの問題は、教員免許状の授与件数を絞り込めば済むというような単純な問題でもない。多様な人材から優秀な教員を広く求めるには、やはり採用数の何倍かの免許授与数が必要である。また、免許の発行数を制限すると、教員志望者が少数に絞り込まれ、専門職の先鋭化が起きるかもしれない。教職が限られた人に絞り込まれ過ぎると、専門職の孤立化・独占化、ないしは権力行使者としての特徴が顕在化するとの意見もあり、脱専門職化[1]の動きに逆行するとの指摘も受けよう。かたや、高度化・複雑化する教師の仕事が、安易な養成や研修で済まされてよいものではないことも事実である。教職はこの狭間にあ

ると言えよう。医師や弁護士といった従来の専門職基準からみると、教師は専門職の基準を満たしていないと指摘を受け、常に準専門職扱いを受けている。そのため教職の専門職化の促進が求められてきたが、その一方で、教職の脱専門職化論が指摘するような専門職の問題点を同時に解決していかなければならないのが教職のおかれている立場である。このようななかで、教師は従来の専門職とは明らかに異なる専門性を求められている。そして、その専門性を可視化できれば、脱専門職化の批判にも応えることのできる専門職のあり方を明示できよう。

2. 従来の専門職とは異なる教師の専門性

1. 教師は理論と実践を架橋する

　ここでは、従来の専門職と教師を対比しながら、教師の専門職としての特徴を整理してみよう（表2-1参照）。本来、専門職（profession）は、神の意志を人々に公言（profess）する職であった。したがって、専門職は日々の行いを神の摂理に照らして正していくことが求められている。専門職にとって（より真理に近いと思われる）理論と（現実の行いである）実践を融合させることは課せられた任務である。この課題に対して、従来の専門職は技術的あ

表2-1　従来の専門職と比較した教師の専門性の特徴

伝統的専門職の特徴	教師の専門性の特徴
（理論と実践の融合） 真理や普遍的知の合理的技術的実践 法則定立科学 （対象者は）知の恩恵の受領者・被適用者 （専門職は）最高の知識技能の保有者	（理論と実践の融合） **省察的実践** **範例科学** （対象者は）**主体的な知の再創生者** （教師は）学びの専門家・教科専門の知識保有者
自律性と自己変革（学び続ける力） クライエントの利益への責任・使命感	自律性と自己変革（学び続ける力） 子どもの利益への責任・使命感
職務の占有性 厳格な資格	**職務の協働性**⇒問われるファシリテーター・コーディネーターとしての能力（生徒指導・学級学校マネージメント） 比較的ゆるやかな資格
原因追及の特定性（白黒つける） 治す・正す	**原因追及の相互性**と限定性 育み合う（他者への支援が自身の成長の契機）
立場の中立性・客観性	**子ども中心性**（教育的愛情）
公共の利益と社会的正義の実践 公表性と個人情報保護の厳格な区分	**公共の利益と社会的正義の実践** 公表性と個人情報保護の確執
（職能集団として倫理綱領と組織論） 個人研鑽を核とした研修組織の充実	（職能集団としての倫理綱領と組織論） **語りと傾聴**による**協働**の研修組織の充実 （学び合うコミュニティの創造）

るいは普遍的合理的知の実践者、ないしは、それらの知の伝達者として存在する。そのため専門職は絶えず最先端の科学的知見を習得すること（学び続けること）が使命として求められている。その一方で、専門職には絶えず最新の知見を提供してくれる基礎科学の従事者が必要とされていた。従来の専門職は、定立された法則（より真理に近いと思われる法則）や知見を適用する人であり、それがもっとも神の意志に従うことにもなったのであろう。絶えず最新の知識・技能をもって治療しようとする医師の姿は、まさに専門職を具現化した姿であろう。

　詰まるところ、従来の専門職はその時点での最高の知識技能の保有者であることが求められていたのに対し、専門職が対象とする人（患者や被告等）は、法則定立科学によって明らかにされた知の恩恵受領者、ないしは、知見を適用される人ということになろう。

　これに対し、教師は法則定立（nomothetic）科学の成果の実行者にはなりえない。教育は社会的文化的価値の実現であり、時代や文化を超えて具体としての普遍的価値や法則を見出すことは困難であるからである。その時々の社会や文化、そこに生きる人々との相互交渉のなかで、最善と思われる価値を見出し実現することが教育には求められている。そのため教師は、社会や文化等の周囲と切れることのない相互交渉と、絶え間ない実践の省察（reflection）のなかで、次に行う実践内容と方法をその都度吟味し決定していかなければならない。教師自身のこれまでの経験のなかで最善と思われる範例をもとに教育を実践し、その実践事例の省察を通して、より最善と思われるあらたな範例を構築していくこと（学び続けること）を永続的に行うことが求められるわけである。

　また、専門職とその対象者の関係についてみてみると、伝統的な専門職が知の適用者と被適用者の対峙関係であったのに対し、教師と係わる子どもの関係にあっては、ともに知を受け継ぎあらたに創造することが求められる同一の志向性をもつ相互関係である。教える人と学ぶ人の関係なのではなく、教師自身が学びの専門家なのである。教師は、子どもと同じく学びに参加する者であり、一歩先を歩んでファシリテーター（facilitator）として支援する者なのだろう。だからこそ、子どもの学びの発意・気づき・成果に対して、同じ学びの当事者として素直に喜び驚嘆し、評価を返していくことのできる存在となりえるのである。そして、子どもの学びに喜び驚嘆する教師の姿は、子どもをしてさらに探求へと動機づけることになる。教師は、まずもって学びの専門家であらねばならない。

　ところで、キリスト教圏である欧米では、専門職（profession）は神の意志を人々に公言（profess）する代弁者であることから、専門職の人格のありようを専門職に強く求める必要はない。あまりに自明のことだからである。一方、日本では教師に対して教職倫理を強く求める傾向にある。教員養成にあっては、しばしば、教職への責任感・使命感、教育的愛情等が求められてきた（教育職員養成審議会答申，1997）。同じ傾向は東アジア全体でもみられよう。東アジアでは「師」は、教育内容を直接指導する人ではない。教育は、「師」のもつ徳目が滲み出るようなかたちで実現されるのである。「師」が人格者であるべきか否

かの論議は別にして、学ぼうとする一歩先を歩む教師の姿は、子どもにとって「真似」の対象であり、（学びを実現している）憧れの対象でもあり、さらに（同じ学ぶ者として）良き理解者でもあるのだろう。

　日本古来の学習観に「守破離」がある。それは師を見て真似て、型を「守る」ところから修行が始まる。そして、その型を自分と照らし合わせて研究することにより型を「破り」、自分自身と技について理解を深め、最後は、型から「離れ」て自在になるという学習観である。事の始まりは、「師」を憧れの対象として信頼することなのである。日本において、子どもに対する教師の影響が多方面に及び、時には保護者を巻き込んで軋轢が生じるのは、教師は子どもより一歩先行く探求者であり、子どもの学びを包摂してくれる人格を期待されているからである。ところが、近代の専門職観が広がるなかで、教師は（あくまで準専門職として扱われているのにもかかわらず）技術的合理性に基づく実践者として、子どもに最新の知を教え、技能を指導する絶対的存在として振舞おうとするが、それがうまく機能せず（うまく機能するはずもないのだが）、その結果、不完全な姿を暴露することになり、子どもや保護者の信頼を失うケースが多い。あるいは、徹底した知識技能の伝達者としての教師像と、子どもに寄り添う人格者としての教師像の狭間で、どちらにも身を寄せることができない中途半端で戸惑う教師の姿が、信頼の失墜を招いているのかもしれない。

2. 教師の専門性は協働にある

　従来の専門職と教師の専門性でもっとも顕著な違いがみられるのは、職務の占有性・独占性に関してである。ある意味、従来の専門職は、その職務を独占し保護されているからこそ専門職たりえており、また、公共の利益の追求や絶え間ない研修等のさまざまな義務が生じるのもこのためである。一方、教師は教育的行為を独占することができない。むしろ、教育は人類すべてが携わらなければならないことであるからである。教師や親は言うに及ばず、祖父母も兄姉も近所の人も教育に携わろうとすることで社会が形成されているからである。とするならば、すべての人が行う教育にあって、教師が専門職であるということは、どういうことなのであろう。

　教育の本質は、教育的行為の相互性にある。教育は、教育を受ける者と教育を授ける者相互の育ちによって実現するものである。従来の専門職である医師や弁護士が、解決すべき問題点を病気や社会制度等、自身とは離れた対象世界に原因を求めたのとは対照的に、教育では教育を授ける者自身の内側についても原因を探らなければならない。教師は、立場の中立性や客観性を重視しつつも、最後は子どもの視座に立って実践が行われているか状況全般を俯瞰しなければならず、その結果として教師自身の行為も自己批判の対象となることは必然のことである。

　さて、このような視点で教師をみたとき、従来の専門職が職務の独占者であったのに対し、教師は協働のプロとして特徴づけられるのではないか。子どもの思いを受容しつつ、

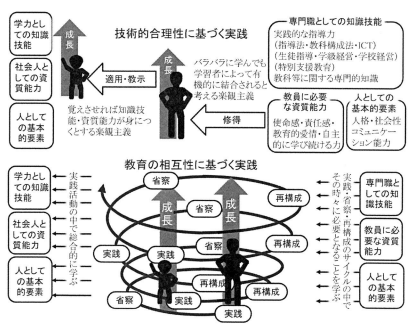

技術的合理性に基づく実践

学力としての知識技能

社会人としての資質能力

人としての基本的要素

成長

適用・教示

成長

覚えさせれば知識技能・資質能力が身につくとする楽観主義

バラバラに学んでも学習者によって有機的に結合されると考える楽観主義

修得

専門職としての知識技能
実践的な指導力
（指導法・教科構成法・ICT）
（生徒指導・学級経営・学校経営）
（特別支援教育）
教科等に関する専門的知識

教員に必要な資質能力
使命感・責任感・教育的愛情・自主的に学び続ける力

人としての基本的要素
人格・社会性
コミュニケーション能力

教育の相互性に基づく実践

学力としての知識技能

社会人としての資質能力

人としての基本的要素

実践活動の中で総合的に学ぶ

省察

再構成

成長

省察

成長

省察

再構成

実践

実践

省察

再構成

再構成

省察

実践

実践

実践・省察・再構成のサイクルの中でその時々に必要となることを学ぶ

専門職としての知識技能

教員に必要な資質能力

人としての基本的要素

図 2-1　指導的実践と協働的実践

かつ教師としての願いや伝えたい教育内容についても大切にする。つまり、教師の仕事は双方の合意が得られるような接地点を探りながら活動を行うことなのである。換言するならば、子どもや保護者の願い、文化や国家や教材が求める願い、さらに教師の願いを加え、これらの複合する相互の願いを考慮しつつ、それらが共有できる地平を開き、合意できる目標に向かって子どもとともに協働して活動することが教育的行為なのである。

3. 教師は自己研鑽だけでは教師になることはできない

　教師が子どもの目線に立って相互性のなかに原因を求め、より実際的・具体的・個別的に解決策を求めて活動し、その実践結果をより広い視野に立って意味づけし直そうとするならば、実践の省察は欠かすことのできない事柄である。また、省察は単に過去を振り返ることではない。今に向かって都合よく構造化してしまう物語を、到来に向かって語り直し（再構造化）することであり、教師の明日をつくることなのである。言うまでもなく専門職としての成長は、このような省察を通して（教師としての）自己実現がなされることで達成されるのであろう。

　さて、上述の省察的実践を実現するためには、事例研究とナラティブ（語りと傾聴、書き表すことと読み解くこと）、および、それらの活動を支える学び合う専門職コミュニティの存在が欠かせない条件となってくる。この省察を支えているのは言語化である。言語化することを通して、教師は経験を特定の視点からより深く振り返ることができる。言い換える

と実践の省察は、あえて語るという行為を通して順序立てて自覚的に深める行為なのである。そのためには、聴き手となる人が欠かせない。職場のなかに実践について聴いてくれる同僚がいて、子どもの話題が絶えないにぎやかな職員室は、教師が育つ源泉となる。教師は一人では成長できない専門職なのである。

　では、語りや傾聴がどのようにして実践の高度化・範例化に結びつくのであろう。教師同士が実践について語り合うとき、何も考えず聞いている教師はいない。他者の実践を聴きながら、教師は自己の実践を思い起こしているのが常である。たとえば、失敗し二度と思い出したくもない過去の実践が、今語られている実践と似ているように思えてきて、ひたひたと浮揚する。しかも、語られているような視点や方法に関し、その時気づいていれば自身の実践もうまくいった（意味があった）のではないかと思えてくる。そう振り返った瞬間、失敗事例は、もはや思い出したくもない失敗事例ではなくなってしまう。失敗事例は、他者の実践の視点や方法を入れ込んで、自分にとって重要な範例へと変貌する。そうやって、教師は過去を作り変えて成長する専門職なのである。むろん、過去の事実は変わらない。しかし過去の経験が、明日の実践に結びつく範例として、意味そのものが変わってしまうのである。専門職が「経験から学ぶ人」を指すということは、教師は絶えず過去の経験を作り直す人だからであろう。したがって、専門職には自己の経験から切り離された学びはありえない。仮に講義等で新しい理論や教育方法を耳にしても、自身の経験から切り離された外付けの知識・技能であるかぎり、自己の行動を決定するような範例あるいは内なる理論にはなりえないのである。

　ところで、専門職が経験から学ぶ人であるならば、教師はいつまでたっても自己の経験の範疇を超えることはできないように一見思われるが、前述の例が示すように他者と語り合うなかで、あくまで自己の実践経験でありながら、教師は自己の実践経験を超える世界に踏み出すことができるのである。重要なことは、教師にとって子どもの学びについて語り合う仲間がいること、そして、語り合いを可能にする「学び合う専門職コミュニティ」が学校のなかに存在しているか否かであろう。

4. 日々の授業の省察だけでは教師のもつ教育的信念や 価値観（内なる理論）を問い直すことはできない

　日々同僚教師と授業研究を行い、省察的実践を重ねていると、自己の成長を実感できるものである。しかし、それによって自分が変わったのかと問われると、言葉に詰まってしまうことも多かろう。日々の授業研究では、教材解釈の良し悪し、時々の子どもの発言の真意、教師の発問の意図等の問い返しが主であり、教師の教育的信念や価値観（内なる理論）にまで話が及びがたいからである。教師の内なる理論が変わらなければ、根本的には教師の実践は変わらない。この内なる理論を見直すためには、捉え返す実践のスパン（時間的な長さ）と、語り合うコミュニティの質が要諦となる。

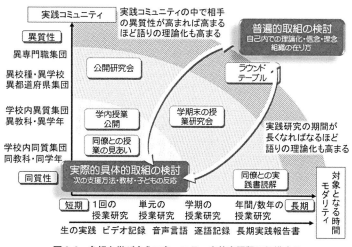

図 2-2　多相な学び合うコミュニティを教育課程に組織する

　１回１回の授業の省察から、何度かの実践をまとめて長期の実践報告をしようとすると、１回の授業の省察では生じなかった問題に直面するものである。１回１回の実践を箇条書きのように報告するわけにはいかない。語るのにはストーリーが必要となるのである。ストーリーは、子どもの成長や、教育や教科で大切にしたいこと等に視点を定め、実践を筋道立てて物語ったものである。それまで教師の実践を根幹のところで支え、表には出てきにくかった教師の内なる理論である教育的信念や価値観が、実践を物語ることによってようやく自覚化され浮上し、議論の対象となることができる。省察を深めるためには、１回の授業研究を組織するところから始まり、長期休業時や年度末に長期実践報告として大きく振り返る機会をもつことがかなめなのである。

　一方、専門職のコミュニティの構成員のあり方も、教師の暗黙知のような内なる理論を捉え返すのには重要となる。日々の実践の振り返りは身近な同僚と行うことが有効である。なぜなら、時を移さずして即効的に省察を行うことができるからである。同僚であれば、子どもの状態や教育内容について、あらかじめ共有している点が多く気兼ねなく語り合うことができるからである。ところが、見知らぬ人や専門の異なる人が加わるコミュニティではそうはいかない。相手に自身の実践をわかってもらおうとすると、相手と教育について共有できるであろうより根源的な地平から、実践を説き起こさなければならないからである。きわめて厄介な話である。しかし自らの教育的信念や価値観が、独りよがりにならないためには、そして、教育の根源に根差した内なる理論であることを確認し自覚していくためには、聴き手としての異質な他者が必要である。実践の省察を深めるためには、身近な同僚との語り合いから、他校や異校種の教員や、異専門者が含まれるようなコミュニティでの語り合いまでが必要であり、それらが順序よく適切な分量で配置されることがかなめとなるのである。

2. 従来の専門職とは異なる教師の専門性

3. 更新制で培う教師の専門性と評価

「教員免許状が、教職生活の全体を通じて、教員として必要な資質能力を確実に保証するものとなるためには、免許状の授与の段階だけでなく、取得後も、その時々で求められる教員として必要な資質能力が保持されるようにすることが必要である」（中教審 2006）との考えから、平成 21 年度から導入された教員免許更新制度は、未受講者の免許状の執行停止や受講料等の課題を含みつつも、無難なテイクオフを果たした。一方、2017 年より都道府県教育委員会は指標を設定し、教員研修を生涯にわたる学びの場として組織化することが求められるようになった（中教審答申 2016）。早晩、更新制度も生涯にわたる職能成長を支える研修の一環として位置づけられていくのであろう。そうであるならばなおさらのこと、更新講習は、子どもと教師の関係にメタファできる形態で実施され、教師の内なる理論である教育的信念や価値観を問い直すことに結びつく講習であることが求められてこよう。

知識基盤社会に突入するなかで、子どもたちに求める学力は、知識蓄積型学力に偏重した学力観から、社会参画する協働探究型の学力観に転換した。言わずもがな、子どもに求める学力は、教師に求められる資質能力でもある。教員免許講習が、相変わらず講義一辺倒で、提供された知識量を測ることで評価する講習であるならば、なんら教職の高度専門職化を保証するものとはならない。更新講習が数時間単位に分断されたままいくつかの情報が提供され、受講者に対して予定調和を求める講習形態であるならば、批判されてきた教員養成（教師教育）から当該大学が脱しきれていない証となろう。本当に専門職を支える講習になっているか、受講者は慎重に見極めるべきである。選択権は受講者にある。

（松木　健一）

【注】

(1)　脱専門職化：近年、従来の専門職であっても独立自営の形態をとる者が減少し、被雇用者が増え、業務形態の違いが不明瞭になるにつれ、専門職の自律性が失われつつある。同時に、情報社会の進展や高学歴化が進み、専門職と一般職との相対的な知識格差が減少してきているのにもかかわらず、専門職の横柄で不親切な対応が指摘されるようになっている。その結果、医療過誤等の弊害に対してインフォームドコンセントが当たり前であるように、専門職の知識独占による権力化に対し歯止めをかけるシステム構築が求められるようになった。

【引 用 文 献】

中央教育審議会 (2006)．「今後の教員養成・免許制度の在り方について（答申）」（平成 18 年 7 月 11 日）.

中央教育審議会教員の資質向上特別部会 (2011)．「教職生活の全体を通じた教員の資質能力の総合的な向上策について」（平成 23 年 1 月 31 日）.

中央教育審議会 (2016)．「これからの学校教育を担う教員の資質能力の向上について〜学び合い、高め合う教員育成コミュニティの構築に向けて（答申）」（中教審第 184 号）（平成 27 年 12 月 21 日）.

教育職員養成審議会答申（1997）.「新たな時代に向けた教員養成の改善方策について（第 1 次答申）」.

松木健一（2010）. 教師教育における教師の専門性の捉え直し. 教師教育研究 3. 福井大学大学院教育学研究科教職開発専攻.

松木健一（2013）. 教員養成の政策の高度化と教師教育の自律性. 日本教師教育学会年報第 22 号 24-31.

松木健一（2014）. 教員養成改革とカリキュラム. 教師教育研究 7. 福井大学大学院教育学研究科教職開発専攻.

松木健一（2015）. 教職大学院の教育課程における理論と実践の往還とは. 教師教育研究 8. 福井大学大学院教育学研究科教職開発専攻.

佐藤学（2006）.『「専門職大学院」のポリティークス　専門職化の可能性を探る』「現代思想 33」青土社.

ショーン, ドナルド・A.（2007）. 省察的実践とは何か. 柳沢昌一・三輪建二監訳, 鳳書房.

ショーン, ドナルド・A.（2016）. 省察的実践の教育. 柳沢昌一・村田晶子監訳, 鳳書房.

Chapter 3

教育政策と世界の動向

1. これからの社会と学力／能力像

　グローバル化の21世紀に、私たちの社会は大きな変化に直面した。多様な正義、多様な宗教、多様な文化が出会いまたは衝突する時代において、新しい教育の原理が求められている。それは、格差を取り払い、無関心に屈せず、対話によって相互の尊厳を認めあい、協同して活動できる人々を育てる原理である。

　今世紀に入って20年ほどになるいま、世界の政治経済はさらに劇的に変化し、産業構造の変革も速度を増している。教育を取り巻く言説もまた、こうした変化と密接に連関し、新しい学力／能力像が世界的に模索されている。

　たとえば、2016年に人工知能（AI）が囲碁で世界最高峰のプロ棋士に勝った事は、象徴的である。AIの進歩はもはや誰の目にも明らかとなった。AIが人間を追い越す「技術的特異点（シンギュラリティ）」という概念は、もはやSF（サイエンス・フィクション）だけの話ではなく、産業経済界のふつうの話題になりつつある。

　これに呼応するように、オックスフォード大学のオズボーン准教授らが発表した「コンピュータによって置き換えられる職業」のリスト（Frey & Osborne, 2013）は、経済界に衝撃を与えたのみならず、教育に関係する多くの論考で言及されるようになった。現在の学校教育が、未来に活躍する人材を育てているのかという問題であり、これからの社会に必要な学力／能力とはどのようなものなのかという問題でもある。

　最近は、このようにグローバル化のもとで急速に変化する社会を、「VUCA」とも呼ぶ。Volatile（変わりやすく）、Uncertain（不確実で）、Complex（複雑で）、Ambiguity（あいまいな）という、グローバル社会を表現する四つのキーワードの頭文字から成る単語である。予測不可能で、既存の答えでは解決できない諸問題に立ち向かわねばならない社会である。

　以上の時代意識を背景に、「リテラシー」、「コンピテンシー」、また「21世紀型スキル」というような言葉で表現される学力／能力が注目されている。これらの言葉の意味するところは広範囲にわたるが、概括すると次の2点に集約される。

＜新しい学力／能力の2要素＞
要素1〔活用〕実社会において、知識や基礎スキルを活用する能力であること
要素2〔汎用〕さまざまな分野・諸問題に対して応用可能な、汎用的能力であること

すでに述べたように、VUCA の時代には、単純に覚えた定型的な知識やスキルを当てはめるだけでは、役に立たないと考えられる。また、変わりやすく不確実な社会であれば、ある分野だけで役立つ知識やスキルは、早々に使い物にならなくなってしまうことが予想される。これでは未来の社会を準備するという教育の使命が果たせない、という危機感が、現在の世界的な教育論の根底を成している。

たとえば、「21 世紀型スキル」は、米国のマイクロソフトなどの IT 企業群が設立に関わった ATC21S（The Assessment and Teaching of 21st Century Skills）という団体に、各国の有識者および国際的な研究機関が集って検討した、国際的なプロジェクトの成果である。21 世紀の私たちの生活、労働、遊び、学びは、20 世紀のそれと大きく異なっているのに、学校教育はその変化に対応しているのか、というのが ATC21S の問題提起であった。この 21 世紀に必要な能力として、ATC21S は 10 のスキルを、「思考の方法」「働く方法」「働くためのツール」「世界の中で生きる」という四つに分類して提示した（グリフィン, マクゴー, & ケア, 2014）。従来の教科別の学力とは、まったく異なる視点からの学力／能力像である。これらは 21 世紀の社会を生きていくために〔活用〕される能力であり、教科のような学問領域を越えた〔汎用〕的能力である。

2. PISA のこれまでとこれから

日本でも多くのマスコミで報道され、広く知られるようになった PISA とは、「生徒の学習到達度調査（Programme for International Student Assessment）」の略称で、OECD（経済協力開発機構）が行っている調査である。調査は 2000 年の第 1 回から 3 年おきに、2015 年までで計 6 回実施されている。開始当初の OECD の定義によれば、PISA とは義務教育を修了する頃の生徒たちが「社会に十全に参加するに必須の知識と技能（the knowledge and skills that are essential for full participation in society）」を獲得しているかどうかを測定するものだとされていた（ライチェン & サルガニク, 2006）。

PISA が従来型の学力を測るものではないことは、リテラシーという用語からも窺える。日本語では思考力や推理力、コミュニケーション力などと呼ばれてきたさまざまな「学力／能力」を、PISA では「読解力」「数学的リテラシー」「科学的リテラシー」の三つの要素で捉えている（「読解力」も英語原文では「Reading Literacy」とされているが、国内の報告書等では、日本語で定着した用語として「読解力」が用いられている）。

このリテラシーなる概念は、従来の「学力」とはかなり定義が異なる。たとえば「数学的リテラシー」は「数学が世界で果たす役割を見つけ、理解し、現在及び将来の個人の生活、職業生活、友人や家族や親族との社会生活、建設的で関心を持った思慮深い市民としての生活において確実な数学的根拠に基づき判断を行い、数学に携わる能力である」と定義されている（国立教育政策研究所, 2010）。ここにも、先に述べた「新しい学力／能力の 2 要

素」に通じる考え方が読み取れる。数学は、もはや教科書のなかにとどまるものではない。

　さらに最近の PISA は、上述の三分野以外の能力も測定している。2012 年調査からはオプションとしてコンピュータ使用型調査が始まり、「デジタル数学的リテラシー、デジタル読解力、問題解決能力」の測定が導入された。2015 年調査では、すべての分野の調査がコンピュータ使用型に移行するとともに、科学的リテラシーについて、コンピュータ上で模擬的に実験観察を行うシミュレーションを含む出題も導入された。

　また、同じく 2015 年調査で、「協同問題解決能力 (Collaborative problem solving)」の調査が導入されたことは、特筆に値する。いま、〔活用〕と〔汎用〕を二大要素とする新しい学力／能力のなかでもとくに注目されているのが、協同 (collaboration) である。これまでもその重要性は当然に認識されてきたのだが、測定するのは困難であると考えられてきた。PISA では、2000 年の第 1 回調査から 15 年経った第 6 回の調査で、はじめて「協同問題解決能力」として対象に入った。これは、理論的な研究が進んだ成果でもあると同時に、以下で述べるような複雑に展開するストーリー仕立ての出題が、ICT の利用によってはじめて可能になったということでもある。

　たとえば、OECD が公開している問題例の一つでは、「ある学校を海外の生徒が訪問することになった」というストーリーが設定されている。回答者は、訪問を受ける側の学校の生徒として、訪問生徒が有益に過ごせるスケジュールを考えるよう求められる。そのために、3 人のチームメイトと相談したり、アドバイザーからの助言を受け入れたりしなければいけない。しかも、訪問は来週なので、早く決める必要がある。ところが決定に至るまでには、予期せぬ出来事が起きたりして、それにも対応しなければならない。このような状況が、本問題の設定である。

　コンピュータ上で出題される時の画面は、チームメイトとの会話 (chat) が擬似的に表現される部分と、課題 (task) が示される部分の二つから成る（図 3-1）。回答者は、会話のなかでつぎに自分はどう発言するか、画面に示された四つの選択肢から選ぶ。どの回答を選んだかによって、その後の会話の流れは変化することもある。そして、回答者が選んだ発言が、会話を協同的で前向きに進めるものであったり、議論を精緻にする方向のもので

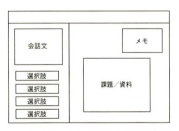

図 3-1　PISA2015「協同問題解決」調査の画面例（"PISA 2015 released field trial cognitive items"（OECD, n. d.）に基づいて筆者作成）

あったりする場合に評点が高くなる、という仕組みになっている。

　さらに、PISA2018 では、グローバル・コンピテンシーについて調査することも予定されている (OECD, 2016)。PISA は、最新の社会の要請と理論的展開に呼応して進化し続けている調査である。その理論的背景について、次節に見る。

3. 「2030年」の社会に向けて

2000年から始まったPISA調査の理論的裏づけとなっていたのが、DeSeCo（Definition and Selection of Competencies）プロジェクトであった。このプロジェクトは1997年に始まり、PISAを準備するとともに、2003年に報告書として『キー・コンピテンシー：国際標準の学力をめざして（原題Key Competencies for a Successful Life and a Well-Functioning Society）』（ライチェン & サルガニク, 2003; 2006）を発行、またそのExecutive summaryを2005年に発行して、一つの区切りとなった。

そこで述べられたこれからの社会に重要な能力、「キー・コンピテンシー（Key competencies）」は、大きく三つのカテゴリー；「1：相互作用的に道具を用いる」「2：異質な集団で交流する」「3：自律的に活動する」で示された。現在のPISA調査が、この方針をもとに進められていることは、前述の通りである。とくに「協同問題解決」に関わるのは、カテゴリー2の下にある、「2A：他人といい関係を作る能力」「2B：協力する能力」「2C：争いを処理し、解決する能力」という三つのコンピテンシーである。

しかし、その後10年あまりの間に、社会はさらに急速に変化し、DeSeCoのキー・コンピテンシーも再定義が求められるようになった。そして、OECDが東日本大震災後の復興支援として「OECD東北スクール・プロジェクト」を実施したことを契機に、OECDはDeSeCoの後継事業として、「OECD教育スキルの未来2030（Future of Education and Skills: Education 2030）」（以下、E2030と記す）をスタートさせた（田熊 & 秋田, 2017）。

ここでいう2030とは、2015年国連サミットの「持続可能な開発のための2030アジェンダ」につながっている。2030年のグローバルな社会には、どのような能力が求められるのか、そのための教育はいかにあるべきかを考えるのが、E2030である。これは現在進行形のプロジェクトであり、1）キー・コンピテンシーの再定義かつ発展形である「ラーニング・コンパス」（図3-2）を策定するとともに、2）各国のカリキュラムの比較分析を行う、という二つの柱から成っている。とくに前者は、今後のPISA調査などの枠組みとなることが期待されている。

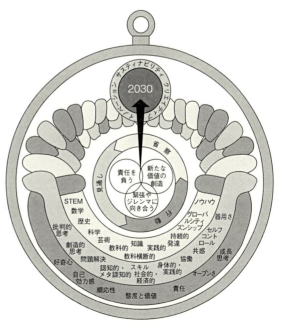

図3-2　OECD E2030草稿段階のラーニング・コンパス
（田熊・秋田, 2017）

「ラーニング・コンパス」は、2017年春の時点ではまだ議論の途中ではあるが、公刊されている情報として、前頁図3-2のようなデザインが検討されているという（田熊 & 秋田, 2017）。

この「ラーニング・コンパス」によれば、2030年の社会に必要な学力／能力は、「知識 Knowledge」「スキル Skills」および「態度と価値 Attitudes & Values」から成り、これを2030年の社会の課題解決に向けて、「省察」「行動」「見通し」のプロセスで活用し、そこでは「責任を負う」「新たな価値を創造する」「緊張やジレンマに向き合う」ことが期待されている。

また、とくに2030年の社会のグローバルな側面に関しても、研究と議論が進められ、「グローバル・コンピテンシー」という概念でPISA2018が準備されている（OECD, 2016）。それも「ラーニング・コンパス」と共通の「知識・スキル・態度・価値」という四つの次元から成る、2030年に必要なコンピテンシーである（表3-1）。

表3-1　グローバル・コンピテンシーの提案 (OECD, 2016；田熊・秋田, 2017)

知　　識	スキル	態　　度
グローバルな問題に関する　知識と理解 文化間の知識と理解	分析的で批判的な思考 敬意を持って適切かつ効果　的にやりとりする能力 共感 柔軟性	異なる文化出身の人々への　寛容さ 文化的他者性への敬意 グローバルな精神性 責任感

価　　値
人間の尊厳に価値を置く 文化的多様性に価値を置く

現在、世界中で宗教や文化の違いからさまざまな問題が生じていることを考えれば、ここに挙げられた「理解」と「スキル」、また寛容や敬意という「態度」、多様性と人間の尊厳に「価値」を置くことの重要性は、明らかといえよう。E2030は、まさに現在の社会の問題と、私たちが望むこれからの国際社会への期待という両方の視点から、人々は何ができるのか、考え続けているプロジェクトである。

4. グローバル的視点から見た日本の教育政策

前節までにみた社会の変化、OECDやユネスコなど国際機関の動向、これらは日本の教育政策と密接に連関している。とくにOECDの動きは、直接に「日本・OECD政策対話」（2015年第1回～）として関係するとともに、PISA調査の結果分析などを通し、間接的にも影響を与えている。また、2016年5月の伊勢志摩サミット（主要国首脳会合）に関連して開催された、G7倉敷教育大臣会合で採択された「倉敷宣言」にも、日本ほか各国が協

調して取り組む教育政策の課題が示されている。そこでは、「教育を通じた社会的包摂と調和のとれた共生の実現」として、貧困や不平等、暴力に対峙するG7の国々は、「誰ひとり排除せず、すべての人が最大限の可能性を発揮できる」社会をめざして、「公平で質の高い教育の実現」に努力することを謳っている（文部科学省, 2016）。この内容も、日本の教育政策がこれからどのように展開していくかについての道標となる。

　第一に、2017年3月31日に告示された新学習指導要領と、それに関連する中教審答申には、E2030やDeSeCoなどの世界的動向と呼応する部分が多くみられる。たとえば、学習指導要領前文にある「多様な人々と協働しながら様々な社会的変化を乗り越え」るとは、まさにE2030と通底する部分である。また、コンピテンシーに対応する言葉として、「資質・能力」が前文から総則にかけて、くり返し用いられている。しかもそれは、「現代的な諸課題に対応」するために、「教科横断的な視点」に立って育成されるものとされている。つまり本章で述べた新しい学力／能力観の二つの要素である〔活用〕と〔汎用〕の性質を期待されているということである。

　それゆえ、新学習指導要領で焦点が当てられた「カリキュラム・マネジメント」とは、何がこれからの社会に必要な「資質・能力」なのか見きわめ、それをどのように育成するか、各学校においてデザインするということになる。教育課程編成の本来の意義は、単に教える内容＝コンテンツを順番に並べることだけではなく、どのような「資質・能力」＝コンピテンシーを身につけさせるのかという視点をもって学習をデザインすることである。その意味で、日本を含めて世界各国のカリキュラムは、コンテンツベイスからコンピテンシーベイスにシフトしているといえる。

　ただそれは、コンテンツを軽視してよいということではない。むしろ、コンテンツ（知識、理解）を汎用的に活用する真正な学び（authentic learning）を実現するために、活用場面を通して学ぶ必要がある、と解釈するのが妥当であろう。この学びこそが、「アクティブ・ラーニング」（コラム1参照）である。

　第二に、高校段階の生徒を主な対象とする探究学習やプロジェクト型学習の積極的な導入もまた、国際的な動きと連動している。次期学習指導要領では、探究指向型教科が多く新設される。その内容としては、小・中学校段階での「アクティブ・ラーニング」を基盤としながら、現実社会の多様な人々と関わりあい、国際的な視野をもちながら地域課題を解決していくようなダイナミズムが期待されている。すでにそうした実践に先進的に取り組み始めた学校もあり、それらから学ぶことは多いだろう。また、それらが連携し、実践を共有しあうネットワークのような事例（ISN, n.d.）もある。

　これら新しい様式の学習においては、もはや教員の側があらかじめ答えをもっているわけにはいかない。問いそのものからして、生徒たちが創発的に見出していくものであるし、社会の現実と対話／格闘しながら解を探る学習になるであろう。ここでは、従来型の学校教育では想像もされなかったような、新しい教員の役割が求められている。

4. グローバル的視点から見た日本の教育政策

以上のように、世界の動向から現在の日本の教育改革を見るならば、これが大きな変革期にあることがわかる。まさに、世界的潮流を見きわめながら、「VUCA」の時代に対応することが教員にも求められている。コンピテンシーの育成を志向する「アクティブ・ラーニング」を実践するためには、教員自身が「主体的で対話的で深い学び」をしている必要がある。教科書を教える仕事から、資質・能力を学び取らせる仕事へ、マインドセットの転換が鍵となるのは、各国も日本も共通している。

（村瀬　公胤）

【引 用 文 献】

Frey, C. B., & Osborne, M. A. (2013). The Future of Employment: How susceptible are jobs to computerisation? Working paper, Oxford Martin Programme on Technology and Employment. Oxford, UK: Oxford Martin School, University of Oxford. Retrieved from
　http://www.oxfordmartin.ox.ac.uk/downloads/academic/future-of-employment.pdf
グリフィン. P.., マクゴー, B., & ケア, E. 編 (2014). 三宅なほみ監訳, 益川弘如, 望月俊男編訳　21 世紀型スキル：学びと評価の新たなかたち. 北大路書房.
ISN (n.d.). OECD 日本イノベーション教育ネットワーク（Japan Innovative Schools Network supported by OECD）概要.
　http://innovativeschools.jp/about/
国立教育政策研究所編著 (2010). 生きるための知識と技能 4：OECD 生徒の学習到達度調査（PISA）2009 年度調査国際結果報告書. 明石書店.
文部科学省 (2016). G7 倉敷教育大臣会合倉敷宣言.
　http://www.mext.go.jp/component/a_menu/other/detail/__icsFiles/afieldfile/2016/06/17/1370953_2_3.pdf
OECD (n.d.). PISA 2015 released field trial cognitive items.
　http://www.oecd.org/pisa/test/PISA2015-Released-FT-Cognitive-Items.pdf
OECD (2016). Global competency for an inclusive world.
　http://www.oecd.org/pisa/aboutpisa/Global-competency-for-an-inclusive-world.pdf
ライチェン, D. S., & サルガニク, L. H. (2006). 立田慶裕監訳　キー・コンピテンシー：国際標準の学力をめざして．明石書房.
田熊美保・秋田喜代美 (2017). 新しい学力観と評価のあり方. 秋田喜代美編　学びとカリキュラム：岩波講座　教育　変革への展望 5. 岩波書店.

【コラム1】「アクティブ・ラーニング」という視点

　今次の改訂作業中の答申で使われてきたアクティブ・ラーニングという用語は、最終的に2017年2月の学習指導要領案において、非常に多義的で概念が成熟していないとの理由で使用されなかった。しかし、これは不要な用語として除かれたのではなく、適切な理解醸成が図られないなか、法令用語としての使用は避けられただけであるという点に留意する必要がある。

　アクティブ・ラーニングという用語がわが国の教育界にはじめて登場したのは、2010年8月の中央教育審議会による、いわゆる「質的転換答申」においてである。当該答申は、大学教育に対して、知識の伝達・注入を中心とした授業からの質的な転換を求めたものであった。その経緯から、本来大学に求めたものを小・中・高にあてがうことは適切ではないといった声を未だに聞くが、的を外れた意見と言わざるをえない。

　ここで、アクティブ・ラーニング研究の先駆者であり第一人者である溝上慎一が、アクティブ・ラーニングについて、「学校から仕事・社会へのトランジション」を背景としていると述べていることを紹介したい（溝上，2014）。そして、溝上が、「生徒を仕事・社会に力強く送り出していくために、学校教育での育成課題が見直されている」とした上で、「大学教育だけの問題ではないし、初等中等教育だけの問題でもない。両者が、一つの同じ用語で、仕事・社会の出口をにらんで、それぞれの教育段階でできることを、下と上の段階もにらんでリレーして取り組んでいくことがなにより重要である（＝トランジション・リレー）。」と述べていることに注目したい（溝上編，2016）。

　第3章でも言及されたように、「21世紀型能力」、「社会人基礎力」、「基礎的・汎用的能力」等々、これらの能力は、まさに社会が子どもたちに求めているものである。言い方を変えれば、仕事・社会への円滑な接続を求めてなされた、教育界に対する社会からの強い要請である。そして、今次の改訂にあたり教育関係者に求められていることは、そうした能力を育成するため、アクティブ・ラーニングを共通の用語として、校種間をつなぐ学びのリレーとする授業の質的改善である。

　つまり、新学習指導要領では、各校種において、児童生徒に対し、学習内容を自身の人生や社会のあり方と結びつけて深く理解させることが求められており、各授業者に求められていることは、自身の授業を省察することである。自校の児童生徒に正対し、校内だけで完結させてしまう知識・技能の習得にとどまらず、生涯にわたって通用する資質・能力を育成すべく、自身の授業計画のなかに、児童生徒の頭がアクティブに動くこと、児童生徒の頭のなかに「主体的な学び」「対話的な学び」「深い学び」を実現していくための適切・効果的な場面を創意工夫し組み込んでいくことが求められている。われわれ教育関係者は、今次の改訂を、仕事・社会への円滑な接続を図る、校種をつなぐ学びのリレーの観点から捉え、取り組んでいかなくてはならない。

　以上の要件を踏まえるならば、具体的に実践をデザインする際には、上述のように児童生徒の頭や心がアクティブになるか、という点が重要である。調べ学習やプレゼン、話し合い学習というのは、アクティブ・ラーニングの一断面ではあるが、それだけでは学習の質を保証できない。必要なのは、真に話しあいたいと思える問いを提示することや、自ら

の学びを振り返る時間を確保することで、深い学びを促すことである（佐藤ら，2015）。

　たとえば、小学校国語の物語文で、「この時の主人公の気持ちはどうだったでしょう」と問うだけでは、うわべだけの議論で、一部の児童だけが活躍する"答え探し"になってしまうかもしれない。しかし、ほんの少し問いの向きを変えてみて、「主人公がもし『うれしい』という気持ちだとしたら、それはどこに表れていますか」と問うことで、多くの児童があれこれとテキストを指差しながら、自分の考えを述べ、また友の考えを聞きあう学びが生起し、心がアクティブになるだろう。また、自分の意見を主張するために、前時までに学習した暗喩などの修辞法を根拠にする時、頭がアクティブになるだろう。

　あるいは中学校社会科で、「江戸幕府の特徴を5つ書きましょう」であれば、教科書をなぞる調べ学習に終わってしまうかもしれない。しかし、「室町幕府と江戸幕府の似ている点と違っている点を3つずつ挙げよう」であれば、グループ学習の過程で、「え、それも入るかなあ」とか「うーん、それいいかもね」という声が自然に上がる「対話的な学び」になる。結果的に、生徒たちの学習内容は深いレベルに到達すると期待される。

　また中学校理科であれば、「今日の実験でわかったことを書きましょう」というまとめは、生徒の心をあまり動かさないかもしれない。そこで「今日の実験のあとで、知りたくなったことは何ですか、どうやってそれを確かめますか」と問うことで、生徒たちはより効果的に学びを振り返ることができるだろう。問いを生み出す能力、自分の学びをモニタリングするメタ認知能力などは、これからの社会に必要な新しい学力の一部である。

　アクティブ・ラーニングで期待されている、「主体的で対話的」に構築される「深い学び」とは、このように工夫された課題によって、適切な活動目標が設定されてこそ実現するものである。
（池田政宣・村瀬公胤）

【引用文献】

溝上慎一（2014）．アクティブラーニングと教授学習パラダイムの転換．東信堂．

溝上慎一　編（2016）．高等学校におけるアクティブラーニング：理論編．東信堂．

佐藤学・浜崎美保・和井田節子・草川剛人　編著（2015）．活動的で協同的な学びへ「学びの共同体」の実践　学びが開く！高校の授業．明治図書出版．

Chapter 4

学校教育における批判的思考と市民リテラシーの育成

1. はじめに

1. 学校・教師を取り巻く状況の変化

　現在、学校を取り巻く状況は大きく変化している。教育改革が急速に進められ（第3章参照）、開かれた学校にするために、地域・家庭からの教育参加が活発になっている。また、学校や教師には、社会や家庭から多くの要求が寄せられるようになっている。一部には理不尽な要求をする保護者「モンスターペアレント」の問題も発生している（第8章参照）。また、格差社会が拡大することによって、社会経済的に恵まれない児童・生徒が学力や進学において不利な状況が生まれている。そのことが、児童・生徒の家庭、そして地域における教育力の低下に結びつくこともある。

　こうした学校をめぐる状況が変化する時代においては、教師は決まりきった仕事を忠実にこなすだけでなく、状況の変化に対応し、問題解決をすることが求められている。さらに、教師は、よりよい学級や学校を作るためにあらたなビジョンを立てて、授業、学級や学校を変革することが重要になる。そのためには、教師は、専門的な知識、教授指導のスキルとともに、批判的な思考力による問題解決能力が求められている。

2. 児童・生徒を取り巻く状況の変化

　児童や生徒を取り巻く状況も大きく変化している。科学技術や情報化の進展は、児童・生徒の生活を変化させている。携帯電話やパソコン、そしてゲーム機は対人関係や遊びのあり方を拡張・変化させた。また、受験人口減少による受験圧力の低下は、受験戦争を緩和はしたが、地道な努力・忍耐を衰退させたとも考えられる。児童・生徒にかぎらず社会全体として、価値観は多様化し、とくに個人の自由が尊重される一方で、一部で規範意識の低下も指摘されている。こうした状況のなかでは、児童・生徒・教師の間の対話や討論を通して、自らの考えを深め、道徳的な価値や規範意識を育むことが大切である。さらに、日本社会が直面しているさまざまな問題（たとえば、エネルギー、少子高齢化、環境問題など）は、必ずしも1つの正解があるわけではないが、未来のために、解決していかなければならない。こうした1つの答えのない問題に取り組むことは、学校の授業では、回避されがちであった。しかし、児童・生徒が、こうした社会を生き抜き、未来を築いていくためには、批判的思

考力を育成しつつ、これらの問題も学校教育において積極的に取りあげていくべきである。

　以上述べてきたように学校・教師、児童・生徒を取り巻く状況の変化に対応し、その問題を解決するには、外からの情報や指示に受け身で従うだけでは不十分である。本章では、こうした問題解決には批判的思考や市民リテラシーが必要であること、また、それらを学校においてどのように育めばよいのかについて述べる。

2. 批判的思考とは

1. 批判的思考の定義とプロセス

　批判的思考（クリティカルシンキング）とは、第一に、論理的、合理的な規準に従う偏りのない思考である。第二に、「人を批判する思考」とはかぎらず、自分の思考過程を内省（リフレクション）するメタ認知によって、自分の思考を意識的に吟味する思考である（第15章参照）。第三は、「批判のための批判」ではなく、問題を解決する、意思決定をするなどの目標志向的な思考である。たとえば、メディアからの情報に接したり、議論をしたり、自分の考えを述べたりする時に、何を信じ、主張し、行動するかを支えている思考である（楠見，2011）。したがって、批判的思考力は、仕事、学習、生活などさまざまな場面において、その目標達成のために働く汎用的スキル（ジェネリックスキル）や職業生活に転移可能なスキルの一つとして、さらに近年は、21世紀の社会に生きるための21世紀スキルの一つとして、コミュニケーション、協働、創造などとともに重視されている。

　批判的思考は、図4-1に示すように以下の四つのプロセスに分けることができる。

（1）明　確　化

　批判的思考の第一のプロセスは、マスメディア、他者、書籍などからの情報を抽出するために、明確化を行う段階である。これは問題発見のプロセスでもあり、主なスキルとして、

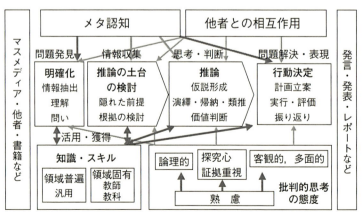

図4-1　批判的思考のプロセス（楠見，2015を改変）

Chapter 4　学校教育における批判的思考と市民リテラシーの育成

以下の4つがある。①曖昧な語句、用語を同定し、解釈や定義をする（例：他の人の発言における「グローバル化」の意味を明確化し、なぜその用語を発言者は用いたのか、その意図を判断する）、②意見と事実を見分ける、③隠れた前提や理由を同定したり、論証（構造、結論、理由など）を分析する、④類似点と相違点を見つけるなどのスキルである。また、明確化を行うためには、問い（質問をすること）が重要である（例：なぜ？　重要な点は？　どういう意味か？　事例は？　事実は？）。さらに、明確化は、図4-1の左上に示すように、4つのプロセスの上位にあるメタ認知と関わっている。メタ認知は、各プロセスをモニターし、明確化が不十分な事柄を特定して、さらなる再度明確化を行うように、認知をコントロール（制御）する働きを担っている。

（2）推論の土台の検討

　第二のプロセスは、問題を解決や意思決定についての判断をするための土台として、他者の主張、科学的事実、観察結果、以前に導かれた結論の証拠（データ）を吟味する情報収集の段階である。主なスキルには次の二つがある。

　第一は、情報源の信頼性を判断するスキルである。情報を受け取る際には、専門家によるものか、異なる情報源間で一致しているか、確立した手続きをとっているか、どのような意図で発信しているか――などを判断するスキルが重要である。たとえば、マスメディアに登場するコメンテーターが有名人ということだけで、発言がすべて信頼できるわけではない。信頼できるかどうかを判断するためには、権威の根拠となる専門性が、主張内容の専門性と同じかが重要である。そして、主張の根拠となる証拠（データ）に基づいて判断することが必要である。とくに、発言が断定的、一面的主張である時は注意しなければならない。

　第二は、科学的事実、観察結果を評価するスキルである。これはメディアを読み解くためのメディアリテラシーや科学的データを理解するための科学リテラシーにおいて重要な役割を果たしている。報道などで取りあげられる調査や統計の結果を読み解く際には、①データ数が十分多いか、②調査対象に偏りがないか（特定の集団だけを対象としていないか）、③調査結果は、何度もくり返し、同じ結果が再現されているか、④調査データでは、統計的に意味のある差に基づいて議論しているか、⑤記録は観察者によって行われたものか、⑥専門家のチェックを受けた学術雑誌に掲載されたデータか（学会での発表データや単行本にはチェックを受けていないものがある）――を判断することが大切である。

（3）推　　論

　第三は問題解決や意思決定をするために、（2）で検討した判断の土台から結論が導けるかを考える思考や判断の段階である。主なスキルは次の三つに分かれる。①根拠から結論を導く帰納（一般化）における判断では、代表的で網羅的なサンプルに基づいているか、事例から過剰に一般化をしていないか、②前提から結論を導く、演繹における判断では、三段論法などの推論過程を簡略化していないか、誤った二者択一になっていないか、論理的正しさの判断に信念や期待との一致が入り込んでいないか、③価値判断では、背景事実、結果、バランスなどを考慮に入れているかなどを判断するスキルが重要である。このプロ

セスでは、多面的に情報を集め、比較して、自分自身で判断することが必要である。

（4）行 動 決 定

第四は（1）から（3）のプロセスに基づいて、状況を踏まえて、行動決定や問題解決、表現（発言やレポート執筆など）を行う最後のプロセスである。ここでは複数のステップに分かれる。①直面する問題を定義する（例：進路を決める）、②判断のための規準を選択する（例：人生の目標との適合度、難易度、費用）。ここでは規準の多面性や客観性が重要である。③選択肢をリストアップする。ここでは最初は多数挙げて徐々に絞り込むのがよい。④仮の決定をする（例：情報などが足りなければそれを補う）、⑤状況全体を考慮した上で再吟味する。これらのステップを反復しながら、最終決定を導く。ここでは、目標、状況や相手に応じた意思決定が重要である。

最後は、思考の過程や結論を言語表現（レポート、発表など）することによって、他者に伝え、フィードバックをもらうなどのコミュニケーションや、他者とのコラボレーション（協働）が重要である。さらに、結果の評価やフィードバックに基づいて、振り返りを行い、（1）から（3）の段階に戻ったり、あらたな問いを発見することもある。

（5）批判的思考の態度

（1）から（4）へのステップは、図4-1右下に示す批判的思考の態度に支えられている（平山・楠見, 2004）。批判的思考の知識やスキルをもっていても、批判的思考態度が形成されていないと、適切な状況で批判的思考の各プロセスが実行できない。表4-1に示すように、批判的思考は大きく四つに分けることができる。論理的思考に自覚的であろうとする態度

表4-1　児童生徒用一般的批判的思考態度尺度（楠見・村瀬・武田, 2016）

「論理的思考への自覚」
　ほかの人もなっとくできるように、理由をつけて説明をしようとする[b]
　ほかの人の考えを自分の言葉でまとめてみる[b]
　話し合いをするときは、自分の意見とほかの人の意見をくらべる

「探究心」
　いろいろな考えかたの人と接（せっ）して、多くのことを学びたい[a]
　新しいことをつぎつぎ学びたいと思う[b]

「客観性」
　一つ二つの立場だけではなく、できるだけ多くの立場から考えようとする[a]
　思い込みで判断（はんだん）しないようにいつも気をつけている
　人の意見を聞いたり本を読んだりするときは、実際（じっさい）にあったことなのか、その人の意見なのかを区別する

「証拠の重視」
　2つの考えのうちどちらかに決めるときには、できるだけ多くの証拠（しょうこ）を調べる[b]
　はっきりとした理由を考えて自分の行動を決める[b]

（注：本尺度は、批判的思考態度尺度18項目（平山・楠見, 2004）に基づいて、小学校5年から中学生に用いるため作成した尺度で、5段階評定（1：あてはまらない～5：あてはまる）である。4つの下位因子に分かれるが、1因子性が高く、信頼性係数（Cronbachのα）は.83-86であった。aは平山・楠見（2004）は同一項目、bは字句を修正した項目である。）

　Chapter 4　学校教育における批判的思考と市民リテラシーの育成

は、明確化や推論のプロセスに影響する。証拠を重視し、主観を排した客観的態度や探究心は、主に推論の土台を吟味するプロセスに影響する。また、これらに共通する熟慮的な態度や多面的な見方は、プロセス全体に影響を及ぼすと考えられる。

図4-1の左下に示す領域普遍知識は、批判的思考の四つのステップ（明確化、推論の土台の検討、推論、行動決定）を支える汎用的な知識とスキルである。これらは職業や教科を越えて共通する。一方、領域固有知識は、教師および教科の専門的知識とスキルであり、教師としての仕事、教科の教育に不可欠なものである。これらは、教師教育そして経験を通して獲得される。

3. 日本における批判的思考

日本の学校、家族、社会において、批判的思考を実践することは、周囲から嫌われるのではないかという恐れがあるかもしれない。目上の人、教師、同僚、友人の発言を批判することは、その対象が議論であったとしても、人物を批判していると捉えられてしまう傾向があるためである。そこで、批判的思考を日本で実践するには、西欧から輸入した論理重視の批判的思考そのままではなく、批判を働かせる状況に着目し、集団の調和や相手の気持ちを十分に配慮した日本文化に適合した批判的思考を考える必要がある。

そのことは、学校教育法における高等学校の教育目標（表4-2右下段）の「社会について深い理解と、広く健全な批判力」に対応する。ここで、「社会について深い理解」をするためには、義務教育段階から育成する態度と、社会、経済、科学などについての理解が必要である。そこで必要なのは、つぎに述べる批判的思考を基盤とした市民リテラシーである。

表4-2　批判的思考と市民リテラシーに関わる教育の目標

義務教育	高等学校教育
国家及び社会の形成者として必要な基本的資質を養う	国家及び社会の形成者として必要な資質を養う
個性に応じて将来の進路を選択する能力を養う	個性に応じて将来の進路を決定させる
公正な判断力に基づき、主体的に社会の形成に参画し、その発展に寄与する態度を養う	個性の確立、社会について、広く深い理解と健全な批判力を養う

4. 市民リテラシーとは

市民リテラシーとは、市民が生活に必要な情報を、マスメディアなどを通して読み取り、適切に行動するための能力である。図4-2のリテラシーの三角形で示すように、批判的思考の知識・スキルと態度が土台にある。この土台の上に、三角形の左側に示したテキストを読み解く読解リテラシー、メディアやインターネットなどを通しての情報を読み解くメディアリテラシーやインターネットリテラシーがある。メディアに関わるテクノロジーの進歩がリテラシーに利用するツールを拡張し、あらたなリテラシーを必要とするようにな

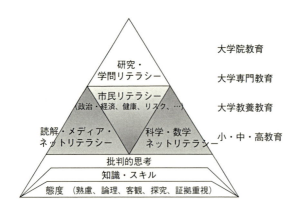

図4-2　批判的思考に支えられたリテラシーの構造 (楠見, 2011)

ってきた。三角形の右側に示した科学リテラシー、数学リテラシーは、小中高の系統的な学校教育を通して育成される能力であり、日常生活や職業生活における科学・技術の理解や計算などにおいて必要なものである。

リテラシーの三角形の中央は、政治、経済、健康、リスクなどの対象領域のリテラシーからなる。市民の生活に応じて、どのような領域のリテラシーを含むかは異なる。市民リテラシーは、市民生活に必要な活動（消費や貯蓄をする、健康を維持するなど）を支える対象領域の内容的知識に基づく読解能力・コミュニケーション能力である。市民は、これらを基盤にして、マスメディアなどから生活に必要な情報を読み取り（メディアリテラシー）、科学的知識に基づいて理解をし（科学リテラシー）、適切に行動することができる。これらすべてを含む市民リテラシー（図4-2の灰色部分）の育成は、市民性（シティズンシップ）教育の中核にある。市民が、自律的な責任感をもって、社会に関わり、問題解決、投票行動、倫理的・道徳的判断を行うためには、批判的思考を土台として市民リテラシーを育成することが不可欠である（楠見, 2011）。

　従来の学校では、教科内容の学習には重点をおいていたが、市民としてのリテラシーの教育は、十分とはいえなかった。公民科（現代社会、政治・経済、倫理）や道徳教育の学習内容は、市民リテラシーの一部ではある。しかし市民リテラシーの対象領域はこれらよりも広く、前述の通り批判的思考を土台としてメディア、科学などのリテラシーも含んでいる。

　そして、市民は、批判的思考と市民リテラシーをもつことによって、多面的に情報を収集し、それを人に的確に伝え、議論した上で、適切な意思決定と行動を行い、日常生活や社会のさまざまな問題を解決していくことができる。

5. まとめ：学校教育における批判的思考と市民リテラシーの育成

　児童・生徒の批判的思考力と市民リテラシーを育むことは、良き思考者（good thinker）や良き市民に育てることに結びつく。そのためには、教師自身が、良き思考者や市民であることも大切である。そこで最後に、児童・生徒の批判的思考と市民リテラシーを高めるためにはどのようにしたらよいか、ここでは3つの方策を取りあげる。

　第一は、児童・生徒の批判的思考のスキルを育成することである。批判的思考力のすぐ

れた者は多くの批判的思考スキルをもっていると考えれば、批判的思考スキルを教えることは、学習者の批判的思考力の育成につながる。第2節1.で述べた批判的思考のステップに対応するスキルは、各教科の学習活動における情報収集と読解、分析と評価・推論、問題解決と発表といった一連の活動に関わる。これらは汎用的な学習スキルであり、さまざまな教科、そして日常生活にも活用できる。たとえば、国語の読解においては、問いを出す、重要な言葉やわからない言葉に着目する、意見と事実を区別する、他の人の発言と関連づけるといったスキルの育成が重要である。また、理科や社会科では、主張の信頼性を評価するために、現実的・科学的な知識や情報に基づく妥当性、グラフの説明の適切性、引用や数値の正確性などを判断するスキルが重要である。さらに、総合的な学習の時間等で行われる探究学習活動では、(1) 問題を発見し、(2) 調査・観察・実験などによって事実や情報を集め、(3) 論理的・批判的な思考・判断を行い、(4) 導いた結論を表現したり、問題を解決したりする。こうした探究学習活動を通して、各教科で学んだ知識と批判的思考のスキルを、問題解決のために総合的に活用できるように育成することになる。

　第二は、児童・生徒の批判的思考の態度（多面的、論理的、熟慮・内省など）を育成することである。そのためには、自分の思考過程と経験を内省する習慣とツールを用意することが大切である。たとえば、就寝前にその日に自分が考えたこと、行動したことを振り返り、それを何かに書き記す習慣をつけることが考えられる。こうした活動は批判的思考態度を育てるとともに自分を知り、自分の持ち味（興味、長所など）を、日常生活そして社会のなかで活かすことにつながる。

　第三は、批判的な会話のできるコミュニティ（家庭、学級、学校など）を作ることである。たとえば、学級では教師が一方的に教えるのではなく、教師が論争的な問いを出して討論をしたり、グループ活動を設定して、自分と異なる意見に耳を傾け、自分の意見を主張して、相手も自分も納得できる議論や合意形成をする機会を設けることである。

　こうした活動は、コミュニケーション、問題解決や意思決定のスキルを育成するだけでなく、現実社会における問題解決に結びつく批判的思考態度の育成につながる。

（楠見　孝）

【引 用 文 献】

平山るみ・楠見孝 (2004). 批判的思考態度が結論導出プロセスに及ぼす影響：証拠評価と結論導出課題を用いての検討　教育心理学研究, 52(2),186-198.

楠見孝 (2011). 批判的思考とは：市民リテラシーとジェネリックスキルの獲得. 楠見孝・子安増生・道田泰司編　批判的思考力を育む：学士力と社会人基礎力の基盤形成. 有斐閣.

楠見孝 (2015). 心理学と批判的思考. 楠見孝・道田泰司編　ワードマップ 批判的思考：21世紀を生きぬくリテラシーの基盤. 新曜社.

楠見孝・村瀬公胤・武田明典 (2016). 小学校高学年・中学生の批判的思考態度の測定：認知的熟慮性 - 衝動性, 認知された学習コンピテンス, 教育プログラムとの関係　日本教育工学会論文誌, 40(1), 33-44.

Chapter 5

新学習指導要領の改訂の
ポイントと教育課程のあり方

1. はじめに

　2017年3月31日、文部科学省は、幼稚園・小学校および中学校に係る新学習指導要領の告示を行った。高等学校については、来年度中の告示となる。これにより、幼稚園は2018年度から、小学校は2020年度から、中学校は2021年度から全面実施となり、高等学校については2022年度から年次進行での実施となる。

　本章では、紙幅の関係で、今次改訂に係る主要なポイントについて、中央教育審議会による2016年12月21日の「答申」を踏まえ解説を行う。その後、1947年「学習指導要領（試案）」から現行のものまで、学習指導要領の歴史的変遷について概観し、最後に、学習指導要領および教育課程編成に係る法的根拠等について簡単にふれることにする。

2. 新学習指導要領の主要な改訂のポイントについて

　学習指導要領は、これまで、約10年ごとに、数次にわたって改訂が行われてきた。今まで各改訂の前提となる答申等にどれくらい目を通されてきたであろうか。多忙な日常業務のなか、木を見て森を見ずの譬（たとえ）通り、その関心はもっぱら改訂に伴う科目名称の変更や使用教科書の選定作業等におかれ、学習指導要領の改訂のポイント等については、自身の問題として十分な関心をもっては把握されてこなかったのではないだろうか。

　新学習指導要領は、今後、約10年間、「学びの地図」（中央教育審議会, 2016）として、わが国の学校教育の指針となるものであり、われわれ教育関係者は、その円滑な実施のため、十分咀嚼するよう努めなくてはならない。本節では、今次改訂の主要なポイントである「資質・能力の3つの柱」「主体的・対話的で深い学び」「社会に開かれた教育課程」および「カリキュラム・マネジメント」（中央教育審議会, 2016）に絞り解説する。なお、「アクティブ・ラーニング」についてはとくに重要であるので、コラム1で述べた。

　また、新学習指導要領においては、小学校5、6年から英語が正式に教科化され、外国語活動が3、4年に前倒しして実施されるが、このことについては第1部第6章で詳しく扱っている。

1. 育成を目指す「資質・能力の3つの柱」

　今次の改訂では、各教科・科目の教育活動において、「何を理解しているか」といった、いわば校内だけで完結させてしまう知識・技能の習得にとどまらず、生涯にわたって通用する下記の「資質・能力の3つの柱」の育成が求められていることに留意しなくてはならない。

(1)「何を理解しているか、何ができるか（生きて働く「知識・技能」の習得）」

　基礎的・基本的な知識・技能を着実に獲得していくことにとどまらず、すでにもっている知識・技能と関連づけたり組みあわせたりすることによって、その定着を図ること。さらに、社会のさまざまな場面で活用できる知識・技能として構造化しながら習得していくことが求められている。

(2)「理解していること・できることをどう使うか（未知の状況にも対応できる「思考力・判断力・表現力等」の育成）」

　あらたに獲得した知識・技能と既存の知識・技能とを、状況に応じて、適切に組み合わせ・活用しながら問題を解決していくための思考力を育成していくこと。さらに、必要な情報を選び、解決の方向性や方法を比較・選択し、結論に至るために必要な判断力や意思決定力を育成していくこと。また、伝える相手や状況に応じた表現力を育成していくことが求められている。

(3)「どのように社会・世界と関わり、よりよい人生を送るか（学びを人生や社会に生かそうとする「学びに向かう力・人間性等」の涵養）」

　主体的に学習に取り組む態度を含めた学びに向かう力、自分の感情や行動をコントロールする力や自分の思考のプロセス等を客観的に捉える力、多様性を尊重する態度や互いの良さを生かして協働する力、持続可能な社会づくりに向けた態度、リーダーシップやチームワーク、感性、優しさや思いやりなどの人間性等を涵養することが求められている。

2.「主体的・対話的で深い学び」という3つの学びの実現

　今次の改訂は、1947年「学習指導要領（試案）」から、「何を学ぶか」が示されてきた学習指導要領の歴史的変遷のなかで、学習内容の増減は行わず、「どのように学ぶか」といった下記の3つの学びが示された初の改訂といえる。学びの質を重視した授業改善を図って、児童生徒に対し、学習内容を自身の人生や社会のあり方と結びつけて深く理解させることが求められており、その視点がアクティブ・ラーニングということになる。

(1)「主体的な学び」

　学ぶことに興味・関心をもち、自身のキャリア形成の方向性と関連づけながら、見通しをもって粘り強く取り組んでいくことであり、学習活動を自己省察して次につなげていく学びである。

(2)「対話的な学び」

児童生徒同士の協働、教職員や地域の人々との対話、読書等を通して得た先哲の考え方を手掛かりにした思考を通じ、自身の考えを広げ深めていく学びである。

(3)「深 い 学 び」

各教科等で習得した知識・技能を、さまざまな場面で活用できる知識・技能として構造化することによって、物の見方・考え方として働かせるとともに、問題を発見・解決したり、自身の考えを形成・表現したり、思いや考えをもとに構想・創造したりすることに向かう学びである。

3.「社会に開かれた教育課程」の実現

学校、家庭および地域の連携・協力による学校づくりを進めることが重要であるとして、「開かれた学校づくり」という概念が学校現場に導入されて10数年が経つ。今次の改訂では、社会に開かれた教育課程として、学校が社会や地域とのつながりを意識し、社会のなかの学校であるためには、学校教育の中核となる教育課程もまた社会とのつながりを大切にする必要があるとされ、下記の3点が求められている。

①　社会や世界の状況を幅広く視野に入れ、より良い学校教育を通じてより良い社会を創るという目標をもち、教育課程を介してその目標を社会と共有していくこと。

②　これからの社会を創り出していく子どもたちが、社会や世界に向きあい関わりあい、自らの人生を切り拓いていくために求められる資質・能力とは何かを、教育課程において明確化し育んでいくこと。

③　教育課程の実施にあたって、地域の人的・物的資源を活用したり、放課後や土曜日等を活用した社会教育との連携を図るなど、学校教育を学校内に閉じずに、その目指すところを社会と共有・連携しながら実現させること。

つまり、これからの教育課程の編成・実施にあたっては、社会の変化に目を向け、これからの社会を生き抜いていくために必要な資質・能力、これからの社会を担っていくために求められる資質・能力は何かを、各学校が社会と共有してともに育んでいくことが求められるということである。

4.「カリキュラム・マネジメント」の重要性

今次の改訂においては、学校としての組織力を高める観点から、カリキュラム・マネジメントが重要なポイントの一つとなっている。実は、カリキュラム・マネジメントは、今回はじめて登場した考え方ではない。10数年前、カリキュラム・マネジメントの概念をはじめて導入したのは、中留武昭である。中留は、カリキュラム・マネジメントという用語を使用した背景を「静態的な教育課程観」から脱皮するためと説明した。中留によれば、教育課程には「教育委員会届け出用の文書（学習指導要領を前提にした教科を束ねた時間割表）」、

そして「年度初めに一度編成したら変えてはならない文書」という硬直化したネガティブなイメージがあり、動態化による学校改善を図ったということである。そして、中留による調査・研究では、カリキュラム・マネジメントを推進していくには、その内なる動機づけとして、教職員のモラール（士気）アップ向上の必要性が示唆されており、教職員の創造的協働を引き出すためには、校長らのポジティブなリーダーシップが求められることが明らかにされた（中留武昭, 2005）。しかし、当該調査・研究の公表から、早10数年を経過したが、各校におけるカリキュラム・マネジメントの定着はいかがであろうか。程度の差こそあれ、多くの学校では、依然として、上記の「静態的な教育課程観」のままではないだろうか。校長による学校教育目標の設定を始めとして、児童生徒の実態把握、保護者・地域のニーズ把握、教育課程の編成、教育活動の実施および学校評価の実施・公表等、それぞれが連動せず、組織として一元化・一体化して有機的に機能しているとは言いがたい実態があるのではないだろうか

　今次の改訂では、カリキュラム・マネジメントとして次の3点が挙げられている。

① 各教科等の教育内容を相互の関係で捉え、学校教育目標を踏まえた教科等横断的な視点で、その目標の達成に必要な教育の内容を組織的に配列していくこと。

② 教育内容の質の向上に向けて、子どもたちの姿や地域の現状等に関する調査や各種データ等に基づき、教育課程を編成し、実施し、評価して改善を図る一連のPDCAサイクルを確立すること。

③ 教育内容と、教育活動に必要な人的・物的資源等を、地域等の外部の資源を含めて活用しながら効果的に組み合わせること。

　各校では、10年に1度の、この学習指導要領改訂の節目を、学校改革・教育改革の転換点と捉えていく必要がある。カリキュラム・マネジメントは、すべての職員が参加することによって学校の特色を創り上げていく営みである。PDCAサイクルに関しても、年度末の通過儀礼的な評価ではなく、説明責任が伴う学校運営の質の管理が求められているのである。あらためて校長のリーダーシップのもと、全職員で自校の強みと弱みについて熟議し、社会に開かれた教育課程を実現していかなくてはならない。

3. 学習指導要領の歴史的変遷

　教育は国家百年の計といわれる。学習指導要領の各改訂は、時代や社会の変化のなか、子どもたちの課題を捉え、その後の学校教育のあるべき姿を想定して実施されてきたものである。学習指導要領の歴史的変遷を辿ることによって、戦後日本の教育のあり方が明らかになり、今次の改訂に対する問題意識が深まるものと思われる。

　なお、下記の各学習指導要領の改訂年については、校種によって異なる場合もあることから、便宜上、小学校のものに統一した。

1. 1947（昭和22）年および1951（昭和26）年

　1945（昭和20）年の終戦を経て、わが国における戦後の教育改革は、連合国軍総司令部（GHQ）による占領下において進められた。「修身（科）」の廃止を始めとする指令がGHQから出されるとともに、アメリカ教育使節団による報告書がわが国の教育改革に大きな影響を与えることになった。1947年3月、わが国初の学習指導要領「学習指導要領一般編（試案）」が公表された。注目すべきは、「試案」という言葉であり、教育の国家的基準としてではなく、手引きとして書かれたものであった。そして、その性格は、戦前・戦中の教育勅語を最高規範とする国家統制下の画一教育・臣民教育からの脱却・転換であり、子どもの興味や生活経験を重視する児童中心主義および経験主義といえるものであった。なお、1951年に第1次改訂が行われ、「教育課程」という用語が使われることになったが、引き続き「試案」のままであった。

2. 1958（昭和33）年

　全面的な改訂が実施され、この改訂から、「試案」ではなく、国が定める教育課程の基準として文部省告示となった。時代背景としては、1951年、サンフランシスコ講和条約締結によりわが国は主権を回復し国際社会に復帰を果たすとともに、日米安全保障条約が締結された。児童中心主義による学力低下を問題とし、あらたに発足した中央教育審議会の答申により、学習指導要領は、基礎学力の充実および科学技術教育の向上を基本方針として、知識を系統的に教える系統主義へと大きく転換された。ちなみに、小・中学校において特設時間「道徳」が設けられたのはこの改訂からである。

3. 1968（昭和43）年

　当時の米ソ対立構造において、1957年のソ連による人工衛星スプートニクの打ち上げ成功は、いわゆるスプートニクショックとして、アメリカに多くの衝撃を与えた。1960年代、アメリカは、科学技術教育に拍車をかけるべく教育改革を実行した。その影響はわが国にも及び、1964年の東京オリンピックを挟む1960年代は、わが国は高度経済成長期にあり、科学技術教育が最優先課題となった。教育の現代化・高度化が図られ、理数科目を中心に内容が質的・量的に増加した。高等学校および大学への進学率が急伸し、受験戦争が激化することになった。1966年には、中央教育審議会から「期待される人間像」が出され、愛国心や遵法精神が強調された。

4. 1977（昭和52）年

　1955年には約50%であった高校進学率が1976年には90%を越える一方、いわゆる詰め込み教育による、おちこぼれ問題が社会問題化するようになった。そうした状況を受け、

今までの教育が知識偏重の系統主義に陥っていたとの批判から、「知・徳・体」のバランスのとれた人間性豊かな発達を図ることが求められた。改訂において「人間性」や「個性」が謳われ、いわゆる「ゆとり教育」が打ち出された。教育内容の精選・厳選に伴い授業時数が削減され、各校の創意工夫を生かすべく、いわゆる「ゆとりの時間」が設けられるなど、学校裁量による弾力化が図られた。ちなみに、従来の「君が代」が「国歌」として表記され、入学式・卒業式などの儀式において国旗を掲揚し、国歌を斉唱させることが望ましいとされたのはこの改訂からである。

5. 1989（平成元）年

戦後教育の抜本的改正として、臨時教育審議会が発足し、臨教審の影響を強く受けるかたちで学習指導要領の改訂が行われた。以前の「ゆとり教育」を推進するとともに、①心豊かな人間の育成、②自己教育力の育成、③基礎・基本の重視と個性教育の推進、④文化と伝統の尊重と国際理解の推進という4項目からなる「新しい学力観」が打ち出された。ちなみに、「観点別評価」および個人の到達度を評価する「絶対評価」が取り入れられたのもこの改訂においてであった。

6. 1999（平成11）年・2003（平成15）年一部改正

学級崩壊がマスコミで大きく報じられるとともに、若者が突然キレるなど、いわゆる普通の子による犯罪が社会問題化し、これまでの「ゆとり教育」をさらに推し進め、心の教育を重視するものとなった。この時期の学習指導要領の改訂のポイントは、「生きる力」をキーワードとして、「完全学校5日制」および「総合的な学習の時間」であった。それに伴い基礎・基本の確実な定着を謳い、教育内容の厳選および授業時数の削減が行われた。しかしながら、この厳選・削減に対する社会からの批判は厳しく、その結果、文部科学省は、2003年12月に学習指導要領の一部を改正し、学習指導要領の記載は最低基準であり、児童生徒の実態に応じ、適宜、発展的学習内容を取り扱うことができるとした。

7. 2008（平成20）年

2003年に実施したOECDによるPISA調査結果が2004年に公表され、わが国の生徒が読解力に欠けるという結果は社会に大きな衝撃を与えた。

「生きる力」の理念は継承され、「ゆとり」か「詰め込み」教育かといった二項対立を越え、いわゆる学力の3要素（学校教育法第30条第2項）、すなわち「基礎的な知識及び技能」、「これらを活用して課題を解決するために必要な思考力、判断力、表現力その他の能力」および「主体的に学習に取り組む態度」から構成される「確かな学力」のバランスのとれた育成が重視されることとなった。「習得・活用・探究」という学びの過程のなかで、記録、要約、説明、論述、話し合いといった「言語活動」、伝統や文化に関する教育、道徳

教育および体験活動等が重視された。ちなみに、道徳教育の一層の推進のため、各校に「道徳推進教師」がおかれた。また、小学校 5、6 年を対象に「外国語活動の時間」が新設された。

4. 学習指導要領および教育課程編成の法的根拠

ここで、学習指導要領および教育課程編成の法的根拠について簡単に確認しておきたい。教育課程の編成を規定しているものは、文部科学省令である学校教育法施行規則であり、当該規則に基づく学習指導要領である。中学校を例に挙げると、学校教育法施行規則第 72 条で教育課程の編成、同 73 条（別表第 2）で年間授業時数、同 74 条で教育課程の基準（「中学校の教育課程については、この節に定めるもののほか、教育課程の基準として文部科学大臣が別に公示する中学校学習指導要領によるものとする。」）が規定されている。

校長による教育課程編成権の法的根拠は、学校教育法第 37 条第 4 項（「校長は、校務をつかさどり、所属職員を監督する。」）に基づくが、地方教育行政の組織及び運営に関する法律（以下「地教行法」）第 33 条（「教育委員会は、法令又は条例に違反しない限度において、その所管に属する学校その他の教育機関の施設、設備、組織編制、教育課程、教材の取扱その他学校その他の教育機関の管理運営の基本的事項について、必要な教育委員会規則を定めるものとする。」）において、都道府県の教育委員会は必要な教育委員会規則を定めることが規定されている。

つまり、教育課程の編成は、文部科学省令であるところの学校教育法施行規則に基づき告示された学習指導要領を基準として、地教行法を根拠とする教育委員会規則に基づき、校長が編成・届出するものであるということができる。

5. おわりに

今次の改訂で想定されたのが「2030 年の社会」である。少子高齢化のさらなる進行による総人口の減少、65 歳人口の増加および生産年齢人口の減少が想定されるとともに、子どもたちの 65％ は将来、今は存在していない職業に就くという予測や、今後 10 年〜20 年程度で、半数近くの仕事が自動化される可能性が高いといった予測もある（中央教育審議会、2016）。そうした加速度的に変化していく複雑で予測困難な社会を生き抜いていくために必要なものは何か。新学習指導要領では、それを「資質・能力の 3 つの柱」として位置づけ、それらを培うものを「主体的・対話的で深い学び」としたのである。そして、それらの学びを実現する視点が「アクティブ・ラーニング」ということになる。

各校に求められていることは、「カリキュラム・マネジメント」として、校長のポジティブなリーダーシップのもと、全教職員の創造的協働により、社会や地域とのつながりを意識し、自校の児童生徒の強みと弱みについて熟議すること。そして、学習指導要領をも

とに、自校の児童生徒を育む「社会に開かれた教育課程」を編成・実施し、その進捗状況を不断に評価・改善していくことなのである。

（池田　政宣）

【引用文献】

中央教育審議会（2016）．幼稚園、小学校、中学校、高等学校及び特別支援学校の学習指導要領等の改善及び必要な方策等について（答申）．
http://www.mext.go.jp/b_menu/shingi/chukyo/chukyo0/toushin/__icsFiles/afie ld-file/2017/01/10/1380902_0.pdf
中留武昭編著（2005）．カリキュラムマネジメントの定着過程─教育課程行政の裁量とかかわって．教育開発研究所．

∴∴∴∴∴∴∴∴∴∴∴∴ **【コラム2】学校現場から教職を探る** ∴∴∴∴∴∴∴∴∴∴∴

1. はじめに

　近年、「公立学校教員採用候補者選考試験」の受験者数は全国的に高い傾向が続き、た とえば平成29年度沖縄県の合格者数に対する倍率は全校種で約10倍、高等学校では20 倍を超えるほど狭き門である。現下、教員は志望者が後を断たないほどの人気ぶりである。

　しかし、学校現場でさまざまな職場環境の変化に向きあった経験から、最近の学校で起 こっている現状と課題等について、その一端ではあるが本コラムで紹介する。学校現場が 抱える課題の認識とその解決策へのヒントさらに課題解決力の向上を期してのこととする。

2. 学校現場の教育環境の変化

　現在、社会が高度化、複雑化する不透明な時代を生き抜く人材を育てるため、学校にお ける教育は様変わりしつつある。現場の教師は学力、体力、いじめや不登校、中途退学、 発達障害など従来の課題とともに子どもや学校教育に対するあらたな課題に向きあいなが ら激務をこなしている状況にある。さらに、学校教育の進化と充実を図るため、主体的・ 対話的で深い学びなどの学習指導法の改善やICTの活用、スクールカウンセラーや教職 員評価システムの導入等、教育現場では過去にない改革が始まっている。教員という仕事 は、これまで以上に多忙で責任も大きな仕事となりつつある。

3. 教員の主な仕事

　教員の仕事は学習指導がメインだが、それ以外のなかで、生徒指導と進路指導は学校の 教育目標を達成するための両輪である。以下に、これらの仕事の概要を説明する。

①学習指導

　「教師は授業で勝負する。授業で子どもを変える。」学習指導の奥深さを感じ取る熟練教 師はよくこのような言葉を口にする。授業において教師には特定の状況の範囲内で判断し 意思決定をする自由と裁量が常に求められる。この効果的な活用こそが中堅教師としての 大きな課題である。新任期の教師は指導法としての指導技術を身につけるのに精一杯だが、 中堅期の教師はこの裁量を効果的に活用し日々の授業改善への一層の工夫が求められる。 学校が今、あらたな学びと授業改善が求められるなかで、この取り組みへの不断なる教師 の挑戦こそが、子どもたちの今の時代が求める学力の向上への解決の鍵となろう。

②生徒指導と進路指導

　生徒指導は、学級担任をはじめとして全教員で行うが、中学高校の現場では、生徒指導 部とくに指導部長のリーダシップのもとで展開されている。現在、子どもの自尊感情の低 下、家庭の養育機能の低下など子どもを取り巻く環境の厳しさから、スクールカウンセラ ー等外部人材の配置も始まり、その効果的な活用を含めたあらたな体制の確立が進められ ている。これからの学級担任は、生徒指導の起点として生徒とのコミュニケーション、保 護者および同僚並びに外部専門家との連携・協力関係の築き方など、養成段階から習得す る必要が求められる。学級担任の努力なくして学校の生徒指導は定着しない。

　また、進路指導はその根本は生き方指導であり、教員自身の生き方が大きく反映される 仕事である。生徒の将来の目標や進路決定を支援するため、高校の現場では進路指導部が 主導し、大学進学・就職試験対策や早朝・放課後課外補習や夏期講習などさまざまな取り

組みが勤務時間外にも行われている。模擬試験等の休日出勤については教員の負担軽減も議論されているが、生徒および保護者等の要望もあり解決が容易でない。

4. これから考えてほしいこと

　教員を目指す学生の皆さんにはこのような現場の実情を踏まえて、①教師になった時に自分はどうしたいのか、②学校現場で壁にぶち当たった時にどのように対応するか、③教職に就く前の段階において学校現場で直面する問題とは何が考えられるか、などについて考えてほしい。また、免許更新を控えた中堅教員に対しては、①主体的・対話的で深い学びについて何を教材としどのように展開するか、②自らの意図する指導効果が得られない時いかに対応するか、③超過勤務と公私のバランスにどのように対応していくか、などが課題となるであろう。大学の教員養成講座や免許更新講座で受講者自ら課題を提起し、協働的に協議し課題を解決する力を身につける機会を設けてほしい。

5. 結びに

　学校には、現在と未来を生きる生徒一人一人のいのちと将来の基盤づくりが託されている。教員を目指す多くの若者は、将来の人づくりという理念に共感し難関の採用試験に挑戦しているのだろう。新卒の皆さんは採用された時に感じるギャップを覚悟の上で教職を志す必要があろう。また、中堅教員には教職というやりがいを再認識し、授業づくり自分づくりの視点をもち常に学び続ける姿勢でさまざまな課題に果敢にチャレンジして頂ければと切に思う。

（大城　進）

Chapter **6**

子どもの貧困と学校教育

1. はじめに

　2016年の夏、NHKのニュース番組で放映された「子どもの貧困」特集に対して、インターネット上でさまざまな批判が飛び交った。いわゆる「炎上」である。その特集の内容は、ひとり親世帯における子どもの貧困率の高さ、高校進学率の低さなどを示した後に、貧困状態にある一人の高校3年生の生活状況を紹介するというものであった。その生活状況とは、経済的な問題から思うように進路選択ができない、家にパソコンがないので学校から課されたタイピングの練習ができない等々であった。

　さまざまな批判が起きたのは、それが放映された直後である。それらの批判の内容は、「パソコンが買えないと言っているが、家の中に高価な物がある」や、「エアコンがないと言っているが、エアコンがある」などであった。さらに、その高校生本人のTwitterのアカウントが特定され、そこから「アニメグッズを買っている」や、「姉と1,000円以上のランチを食べている」といった批判につながっていった。このような批判を展開する者たちの主張は、要するに、その高校生は「貧困ではない」、NHKの「捏造」だ、というものであった。

　結論から言えば、このNHKの特集に対する批判は、貧困に対する典型的な無理解から生じている。「子どもの貧困元年」と言われる2008年以降、貧困問題に関する報道などを目にする機会は以前よりも格段に増えた。しかし上記のような「炎上」が起きるということは、子どもの貧困や貧困の問題に対する理解がまだ十分に広がっていないのだろう。

　そこで本章では、子どもの貧困に関する基本的な理解に向けて、絶対的貧困と相対的貧困という区別を紹介し、現代の貧困とは何かということを論じる（第2節）。そして、子どもの貧困という問題に対して、学校教育ができることを考えていくことにしたい（第3節）。

2. 現代の貧困とは

1. 現代日本における子どもの貧困率

　日本の子どもの相対的貧困率は、『平成27年度版　子ども・若者白書』によれば、2012年時点で16.3%である（内閣府, 2015）。日本全体の貧困率と子どもの貧困率の推移を示したのが、図6-1である。この図からわかるように、この30年間で貧困率は上昇傾向にある。

この数値に従えば、貧困状態にある子どもの割合は、およそ6人に1人である。それは、40人学級だとすれば、1クラスに6〜7人程度、貧困状態にある子どもが在籍していることを意味する。もちろん、この推定は平均的な数値であって、実際には、それより貧困率が高い学校もあれば、低い学校もあるだろう。

なお、他の先進諸国と比較した場合、日本の子どもの貧困率は決して

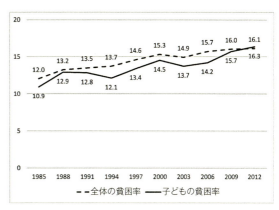

図 6-1　相対的貧困率の推移
(出典：『平成 27 年度版　子ども・若者白書』の数値をもとに筆者作成)

低い方ではない。ユニセフの行った調査によれば、2000 年代半ばの数値で、先進 35 カ国中、上から 9 番目の高さだという (UNICEF 2012, p.3)。とくに日本の場合、ひとり親世帯の貧困率が 50% を超えており、OECD 加盟国のなかでも突出して高い数値となっている (阿部, 2008)。

2. 絶対的貧困と相対的貧困

上記に示した数値を相対的貧困率というが、現代の貧困を考える上でまず押さえなければならないポイントは、絶対的貧困と相対的貧困の区別である。絶対的貧困とは、「人々が生活するために必要なものは、食料や医療など、その社会全体の生活レベルに関係なく決められるものであり、それが欠けている状態」(阿部 2008, p.42) である。いいかえれば、人が生命を維持していくために必要な「衣食住」が欠けている状態といえるだろう。多くの人が貧困という言葉からイメージするのは、そのような状態ではないだろうか。

それに対して、相対的貧困という概念がある。相対的貧困とは、「人として社会に認められる最低限の生活水準は、その社会における「通常」から、それほど離れていないことが必要であり、それ以下の生活」(阿部 2008, p.42) をしている状態のことを指す。先に絶対的貧困を、生命を維持していくために必要な「衣食住」が欠けている状態と説明したが、日本社会において生活を営む（＝人と関わって生活をする）ためには、寒さや飢えをしのぐための最低限の「衣食住」だけあればいい、というわけにはいかない。たとえば、単なる布切れで寒さをしのげたとしても、それで学校や仕事場に行くことはできない。そうした場に参加するためには、それなりの衣服を着ることが求められるだろう。また、現代の人々の生活を思い浮かべてみればわかるように、「衣食住」以外にも、通信費や交通費がなければ、私たちの生活は成り立たない。このように、日本社会で生活するには、生命を維持できる最低限の「衣食住」があればいい、というわけにはいかない。要するに、社会や国の生活水準を考慮して貧困について考えるための概念が相対的貧困である。

2. 現代の貧困とは

3. 相対的貧困率の算出方法

　相対的貧困の考え方に基づいて算出されたものが、先の図6-1に示した相対的貧困率である。具体的な計算方法は、国民の所得分布のデータを用いて、下記の表6-1に示すように行う（阿部, 2014, p.222）。すなわち、国民の所得分布を確認できるデータを用いて、①世帯内のすべての人の所得の合算値（＝世帯所得）を算出する。なお、ここでいう所得とは、収入から税金や社会保険料を払い、年金や児童手当などを足した「手取り」のことである。②世帯所得を世帯人数で調整し、等価世帯所得を算出する。③等価世帯所得の社会全体の中央値から一定程度離れている値（一般的には中央値の50%か60%）を貧困ラインとし、④その基準以下の人々の割合を算出する。その割合が日本全体の相対的貧困率である。そして、子どもの相対的貧困率は、日本全体の子どものうち、貧困ライン以下の子どもが占める割合である。言葉にすると難しく感じるかもしれないが、実際にはそれほど難しい計算ではなく、四則計算と平方根を理解できていれば算出できるようなものである。

　一例であるが2004年度の「国民生活基礎調査」のデータを用いて上記の計算をすれば、現代日本の貧困ラインは、1人世帯で127万円、2人世帯で180万円、3人世帯で220万円、4人世帯で254万円であり（阿部, 2008）、その世帯年収以下で暮らす人々が貧困状態にあるということになる。

　相対的貧困率の定義に従えば、どのような生活を送っていようとも、その子どもが貧困状態にあるか否かは、その子どもの属する世帯の所得によって決まる。このように考えると、冒頭で示したインターネット上の「炎上」がいかなる無理解から生じているかが理解できるだろう。つまり、NHKの報道に登場した高校生は相対的貧困状態にある子どもであり、その生活状況が映し出されていたにもかかわらず、批判する者たちは、自らの貧困イメージ（≒絶対的貧困）に照らしてその報道に対する批判をしていたわけである。NHKの報道とその批判者は、そもそも貧困の定義という出発点からすれ違っていた。こうしたすれ違いを生まないためにも、相対的貧困という考え方を理解することは重要である。

表6-1　相対的貧困率の算出方法（阿部 2014, p.222）

相対的貧困率の定義

世帯所得＝世帯内のすべての人の所得の合算値
等価世帯所得＝世帯所得÷世帯人数の平方根[*1]
貧困基準＝等価世帯所得の中央値の50%ないし60%[*2]
貧困率＝等価世帯所得が貧困基準以下の世帯に属する個人の割合

*1　等価世帯所得の世帯人数の調整方法は，これが最も一般的であるが，子どもと大人の人数を別々に考慮したものなど，これ以外にもいくつかの調整方法がある.

*2　OECDは50%，ＥＵは60%を用いている.

4. 複合的困難としての貧困

　貧困は基本的に経済的資源の多寡によって定義されるが、経済的困難によってさまざまな困難が生じるために、子どもの貧困問題は経済的次元にとどまる問題ではない（子ども

の貧困白書編集委員会, 2009)。経済的困難によって衣食住が不十分となり、文化的資源や学習的資源が不足する。また、貧困状態にある子どもの親は、働いている場合、「ワーキングプア」となって子どもと関わる時間がないほど働く傾向にある一方、働けない場合は精神疾患などを患っているケースが多いため、いずれにせよその子どもは親と十分に関わることができず、孤立する確率が高い。そして、そうした文化的資源や関係的資源は実存的・自己形成的な基盤となるために、それが剥奪された状態では、結果として自尊感情や学力も低くなる……。このように、貧困は子どもに複合的な困難をもたらすのである。さらに、そのような複合的困難によって、貧困のなかで育った子どもは、大人になった時に貧困に陥るリスクがきわめて高く、貧困は「世代的に連鎖する」傾向がある。

　このような子どもの貧困問題に対して、学校教育に何ができるだろうか。もちろん、教育費を下げたり福祉政策を充実させたりするような、子どもの貧困を根本的に改善する政策改革は、学校教育にできることの範疇を超えている。とはいえ、子どもの貧困問題に対して、学校教育にできることも少なくない。次節では、そのことについて考えてみたい。

3. 学校教育に何ができるか

1. 貧困を見る

　まず、気をつけなければならないことは、「貧困は見えにくい」ということである。現代の貧困問題は、子どもたちの持ち物や格好を一目見てわかるほど見えやすいものではない。貧困状態にあっても、そうした子どもは、学校で「うかない」ように格好に気をつけて登校するだろうし、そうした格好への配慮もできないほど経済的困難を抱えている場合には、学校に行かないことを選択する子どももいるだろう。そう考えれば、子どもが学校に通ってくる時点で、貧困は見えにくくなっている可能性が高い。

　他方、これまでの日本は、子どもの貧困問題に対して鈍感な社会であった。それは学校現場においても同様で、「非行」「落ちこぼれ」「不登校」「中退」というようなさまざまな問題の背後に貧困問題が構造的に横たわっていたはずだが、貧困に目配りをしようとする姿勢が、これまで学校や教師に十分に共有されていたわけではなかった（上間, 2009）。

　つまり、子どもは貧困問題を見えにくくするように行動する一方で、学校や教師が貧困を読み取ろうとする姿勢はまだまだ弱いという現状がある。したがって、まずは「貧困は見えにくい」ということを意識して、貧困という視点から目の前の子どもたちの問題を解釈する姿勢を身につけたり、学校のシステムを構築したりする必要があるだろう。

2. 子どもの目線で考える

次に、「子どもの目線で考える」ということである。NHK の報道に対する批判のなかには、「貧困と言いながら、アニメグッズを買っている」というようなものがあったが、そうした批判に共感する人は少なくないのではないだろうか。たとえば筆記用具なども買えない状態の子どもが、携帯電話を持っていたり高価な服を着ていたりする場合、そこに批判が向けられるのは理解できないことではない。

しかし、そのような思いを抱いた場合、その子どもを批判する前に、次のように考えてみてほしい。「なぜそこまでして携帯電話を持つのか?」、「貧困状態にありながらも、服に高い金をかけるのか?」、と。イギリスで貧困状態にある子どもに聞き取り調査を行ったテス・リッジ (2010) によれば、子どもたちにとって学校は、単に読み書き能力や資格を獲得する場であるだけでなく、社会関係を営む場でもある。だとすれば、子どもたちにとっては、筆記用具よりも、友人関係を維持・構築するための携帯電話や、仲間に自らのアイデンティティを示し「仲間はずれ」にされないためのファッションが優先されるべき事柄なのかもしれない。このように、子どもたちの生きている社会的文脈に即して考えることが、貧困状態にある子どもと接する際の基本的姿勢であることを強調しておきたい。教育者の側からすれば「不合理」に思えるような選択・行動も、子どもの目線で見れば、そこに子どもの「合理性」があるはずで、それを読み取ることが重要だということである。

3. 特定の家族像を押し付けない

日本は、血縁関係にある父親・母親・子どもによって構成された家族 (以下では、「標準的家族像」と呼ぶ) から逸脱すると、さまざまなリスクが高まってしまう社会である。このことは、日本の場合、ひとり親世帯の子どもの相対的貧困率が 50% を超えることに端的に現れている。なお、こうした状態は必ずしも当然とは言えず、フィンランドやデンマークでは、ひとり親世帯でも子どもの相対的貧困率は 10% 程度に抑制されている。

「標準的家族像」が制度的・政策的に優遇されている日本の状態は、やはり制度的・政策的なレベルでの改善が必要で、学校教育にできることは限られている。しかし、学校教育において、「標準的家族像」を前提にしない、押し付けない、という消極的だが重要な取り組みを行うことはできる。たとえば、近年、10歳になった節目を祝うイベントとして、「2分の1成人式」を行う小学校が増えている。それは、保護者と手紙を交換するような、保護者との関係性を軸に自分の過去を振り返るようなイベントになっている場合が多い (内田, 2015)。おそらくそれは、大半の保護者や子どもにとっては満足度の高いイベントになるのだろう。しかし、「標準的家族像」にあてはまらない家族で育つ子どもは、その時どのような思いをするだろうか。たとえ善意から行われているイベントであったとしても、それがそうした子どもに対してかなりの暴力性を有することは容易に想像できる。授業や

日常の場面においても同様である。教育者が特定の家族像を押し付ける発言や行動を慎重に回避することで、教室に居やすくなる児童生徒は確実にいるはずである。

4. 基礎学力を身につけさせる

　家庭背景によって子どもの学力に格差があることは、近年では広く知られた事実であろう。それを克服し、厳しい家庭背景をもつ子どもに基礎学力を保証することは、子どもが貧困から抜け出す重要な契機となる可能性があるため、子どもの貧困問題を改善する重要な取り組みである。

　こうした学力格差の問題を考える上で参考になるのが「効果のある学校」論である。効果のある学校とは、子どもたちの社会的背景（家庭背景、人種、社会階層など）による学力格差をかなりの程度克服している学校のことである。志水ら（2009）は、大阪府内の小中学校の学力テストの結果を統計的に分析して、日本における効果のある学校の存在を見出し、その学校に訪問調査を行うことで、そうした学校の特徴を明らかにした。志水らによれば、そうした学校（=「力のある学校」）の特徴は、8つの要素にまとめられるという。すなわち、①気持ちのそろった教職員集団、②戦略的で柔軟な学校運営、③豊かなつながりを生み出す生徒指導、④すべての子どもの学びを支える学習指導、⑤ともに育つ地域・校種間連携、⑥双方向的な家庭とのかかわり、⑦安心して学べる学校環境、⑧前向きで活動的な学校文化、である。紙幅の都合上、これ以上詳しく説明できないが、気になる方は『力のある学校の探求』（志水宏吉編, 2009, 大阪大学出版会）を手にとってほしい。

　確かに家庭背景が学力に与える影響はかなり強力である。そのため、学校の力で克服することはなかなか難しい。しかしそれでも、「効果のある学校」や「力のある学校」の存在が示すように、学力格差の是正に対して学校は決して無力ではない。

5. 貧困についての理解を深めさせる

　最後に、学校は子どもたちに対して、貧困についての理解を深めさせることができる。その優れた実践の一つとして、大阪府立西成高等学校（2009）の「反貧困学習」を紹介しよう。西成高校は、さまざまな生活背景をもつ生徒たちが集う学校であり、経済的に厳しい状況で育ってきた生徒も少なくない。そのような西成高校が「格差の連鎖を断つ」という理念のもと、高校1年生の総合的な学習の時間を利用して行った取り組みが「反貧困学習」である。反貧困学習は、①自らの生活を「意識化」する、②現代的な貧困を生み出している社会構造に気づく、③「西成学習」をとおして、差別と貧困の関係に気づく、④現在ある社会保障制度についての理解を深める、⑤非正規雇用労働者の権利に気づく、⑥究極の貧困である野宿問題をとおして生徒集団の育成をはかる、⑦「新たな社会像」を描き、その社会を創造するための主体を形成する、という7つの視点から組み立てられており、具体的には、ストリートチルドレンや、シングルマザーの問題、労働法などの問題につい

て学ぶことになっている。これらの知識を学ぶことで、生徒たちは自らのおかれた環境を見つめ直し、社会に働きかける市民として、そして権利を駆使できる労働者として生きていくことができるようになる。

こうした貧困について理解を深める学習は、貧困状態にない子どもたちにとっても、重要な学びになるだろう。なぜなら、こうした学習をすることで、社会構造の問題として貧困を捉える重要性を学ぶことにもなるし、社会制度や政策の重要性を知ることにもつながるからである。また、学校で貧困に対する理解を深めることができれば、その子どもたちが大人になった時、より公正な社会制度を志向するかもしれない。そうなれば、貧困を根本的に改善できる社会制度や政策を実現できる可能性も高まるだろう。

4. おわりに

本章では、まず現代の貧困を捉えるために絶対的貧困と相対的貧困の違い、相対的貧困率の算出方法を説明し、その上で、学校教育にできることを考えてみた。くり返しになるが、貧困を根本的に改善するためには社会制度や政策というレベルでの対策が求められるため、学校教育にできることは限られている。しかしそれでも、学校や教師が、本章で示したような取り組みをするかしないかによって、貧困状態におかれた子どもの学校経験は大きく変わってくるだろう。子どもにとって学校は、生活時間の大半を過ごす場所であり、学習すると同時に人間関係を培う貴重な場所である。貧困問題に対して学校教育ができることは限られているとしても、学校や教師が意識してその問題に取り組むことで、一人一人の子どもの生活には大きな変化をもたらすことができるのではないだろうか。

（知念　渉）

【引用文献・URL】

阿部彩（2008）．子どもの貧困．岩波書店．

阿部彩（2014）．子どもの貧困Ⅱ．岩波書店．

子どもの貧困白書編集委員会（2009）．子どもの貧困白書．明石書店．

内閣府（2015）．平成27年版　子ども・若者白書．http://www8.cao.go.jp/youth/whitepaper/h27hon-pen/pdf_index.html.（2017/04/03 最終アクセス）

大阪府立西成高等学校（2009）．反貧困学習．解放出版社．

志水宏吉編（2009）．力のある学校の探求．大阪大学出版会．

テス・リッジ（2010）．渡辺雅男監訳，中村好孝・松田洋介訳　子どもの貧困と社会的排除．桜井書店．

内田良（2015）．教育という病．光文社．

上間陽子（2009）．貧困がみえない学校,湯浅誠ほか編,若者と貧困,明石書店,pp.139-159.

UNICEF（2012）. *Measuring child poverty: New league tables of child poverty in the world's rich countries*, https://www.unicef-irc.org/publications/pdf/rc10_eng.pdf.（2017/04/03 最終アクセス）

Chapter 7

連携・協働を重視した 生徒指導のあり方

1. 連携・協働の歴史と意義

　暴力行為、いじめ、不登校問題、薬物乱用等、生徒指導をめぐる問題は依然として大きな社会課題となっている上、発達障害に関わる問題、ネット社会の「負の面」、保護者クレーム問題、児童虐待問題、防犯・防災問題等、あらたな課題への対応が求められている。しかし、学校のみの取り組みでは解決が困難な問題が多く、「校内の指導体制を構築し、組織的体系的な生徒指導を進めるとともに、関係機関等と連携・協力による総合的な生徒指導を展開する必要が強まった」(『生徒指導提要』)。

　平成 13 年 4 月に、「少年の問題行動等に関する調査研究協力者会議」の報告である「心と行動のネットワーク——心のサインを見逃すな、『情報連携』から『行動連携』へ——」が取りまとめられ、平成 16 年 5 月に、学校と関係機関との行動連携に関する研究会が発表した「学校と関係機関等との行動連携を一層推進するために」では、サポートチームによる連携が具体的に提言された。

　その後も、児童福祉法の改正(平成 16 年)により、要保護児童対策地域協議会の設置が推奨されたり、「子ども・若者育成支援推進法」(平成 21 年)で、「教育、福祉、保健、医療、矯正、更生保護、雇用その他の各関連分野における知見を総合」することが定められたりするなど、関係機関相互の連携・協働の重要性が法的にも明確にされた。

　さらに、平成 27 年 12 月に出された中央教育審議会答申「チームとしての学校の在り方と今後の改善方策について」では、①新しい時代に求められる資質・能力を育む、②複雑化・多様化した課題を解決する、③子どもと向き合う時間を確保する等、という 3 つの観点から、教職員だけでなく専門スタッフや地域人材等を加えた「チームとしての学校」の活動が推進されることとなった。

　「一人で何もかもできる人はいない」。このため、組織が作られ、成員の協働により問題解決が図られる。校内における TMT (トップ・マネジメント・チーム) やいじめ防止対策委員会等の組織はその代表例である。「餅は餅屋」と言われる。それぞれの担当者・機関がもつ専門性が発揮されてこそ、児童生徒の「最善の利益」を保証することができる。各学校においては、関係機関との連携・協働の意義を再確認する必要がある。

2．効果的な連携・協働を進める

1．担当者・関係機関等の相互理解

　効果的な連携・協働の第一歩は「相互理解」である。担当者や関係機関の名称・役割・設置根拠等についての理解を深め、問題や児童生徒・保護者等の状況に応じた連携・協働を図るようにしたい。以下、連携をとることの多い機関等を示す。

表 7-1　関係機関

分　　　野	機関名（職員名）	主な業務内容・相談内容【関係法規等】
教　　　育	教育委員会 （指導主事等）	・性格・行動、学業、進路、問題行動等に関する相談・援助 ・学校の教育方針・活動等への問合せ
	教育相談室（所） （臨床心理士等）	・保護者からの相談 【教育委員会規則・要綱】
	適応指導教室	教育支援センター。不登校児童生徒の学習指導や適応指導
福　　　祉	児童相談所 （児童福祉司等）	・児童の問題についての相談、調査、判定、指導、措置等 ・緊急保護、指導方針を決定するための保護等　　【児童福祉法】
	子ども家庭支援 　　　センター	・子ども、子育て、家庭に関する相談・連絡調整・支援 ・子育て支援ネットワークの運営　　　　　　　　　【実施要綱】
	福祉事務所 （社会福祉士等）	・生活困窮者の相談、生活保護の実施 ・児童・母子・障害者・高齢者の福祉にかかわる相談・指導 【社会福祉法】【児童福祉法】【生活保護法】【障害者福祉法】
	児童自立支援施設	・不良行為や家庭環境の悪化等により、生活指導を要する児童を入所させ自立を支援　　　　　　　　　　　　　【児童福祉法第 44 条】
	児童養護施設 （児童指導員等）	・保護者のない児童や虐待されている児童等を入所させ養護する ・退所者のための自立支援　　　　　　　　　【児童福祉法第 41 条】
	児童福祉施設	・乳児院、保育所、児童厚生施設、児童養護施設、障害児施設、児童自立支援施設、児童家庭支援　　　　　【児童福祉法第 35 条】
保健・衛生・ 医療	保健所・保健福祉 相談センター （保健師・医師等）	・健康相談、保健指導、精神保健等の訪問指導や来所相談 ・伝染病等の感染症が発生した場合の指導・助言・援助 ・精神科医による思春期相談　　　　　　　　　　【地域保健法】
	精神保健福祉センター（精神保健福祉士）	・精神障害者の早期発見・治療 ・社会復帰に至る精神保健・自立支援　　　　　　【精神保健福祉法】
	病院等の医療機関 （カウンセラー等）	・心身の疾病等に関する相談・診断・治療 ・疾病の予防・予防啓発
司法・保護・ 矯正	警察署少年係 （少年係警察官・少年相談専門職員等）	・非行少年等の補導・保護・注意助言 ・少年相談の受理・継続補導の実施 【少年法】【刑法】【少年警察活動規則】
	少年補導センター （少年補導員等）	・街頭指導、有害環境の浄化活動 ・非行防止の啓発活動 ・家出や非行等の少年相談　　【総理府青少年対策本部指導要領】
	家庭裁判所 （調査官・裁判官）	・審判に付すべき少年に関する調査 ・審判による保護処分等の決定　　　【少年法】【少年審判規則】

	少年鑑別所 （鑑別所教官・技官）	・監護措置により家庭裁判所から送致された少年の調査・診断 ・学校や家庭からの非行等の相談　【少年院法】【鑑別所処遇規則】
	保護観察所 （保護観察官）	・保護観察処分を受けた少年に対して、遵守事項を守るよう、 　指導監督するとともに立ち直りを援護 ・保護監察官が主任官、保護司が担当者　　　　　【犯罪者予防更生法】
	補導委託施設	・試験観察（保護処分等を決める審判の前に家庭裁判所調査官が行 　う観察）を委託された施設又は個人　　　　　　　　【少年法第25条】
	少年院（少年院教官）	・第一種、第二種、第三種、第四種いずれかに送致された少年を収 　容し、矯正教育を実施 　　　　　　　　　　　　　　　【少年法第24条】【少年院法第2・4条】
防災・安全	消防署・防災 　　　　センター	・防火管理者・消防計画の届出等の防災管理 ・防災・防災啓発活動　　　　　　　　　　　　　　　　　　　【消防法】
	警察署交通課 　　　　　（警察官）	・交通事故防止、交通取締り、交通事故の処理 ・交通安全の啓発活動、安全教室の開催　　　　　　　　【道路交通法】
その他の 相談機関等	公共職業安定所 （ハローワーク） （ジョブカフェ）	・求人情報の提供・職業紹介 ・職業適性検査の実施・職業選択相談 ・職業相談員の事業所訪問　　　【職業安定法】【勤労青少年福祉法】
	労働基準監督署	・労働基準法に定められた労働条件の遵守を指導・監督 ・就労者からの相談　　　　　　　　　　　　　　　　　　【労働基準法】
	法務局人権擁護部 （人権擁護委員等）	・人権問題の相談、人権侵犯事件の調査・処理 ・人権尊重思想の普及・充実
	女性相談センター	・ＤＶ、性被害等に関する相談 ・女性の自立支援
	弁護士会（弁護士）	・「子どもの人権１１０番」での電話相談 ・「子どもの人権救済センター」等での面接相談 ・「当番弁護士」活動、少年事件等の弁護活動 ・「スクールローヤー制度」の実施
	消費者センター	・消費者からの「悪徳商法」等の相談・苦情処理・被害者救済 ・学校での消費者教育の充実
	ボランティア 　　　　センター	・ボランティア活動に関する相談、情報の提供 ・ボランティア養成講座の開催
地域での相 談・連携・ 協働	人権擁護委員	・人権侵犯事件の相談・調査・処理 ・人権尊重思想の高揚
	青少年委員・児童館 職員・体育指導員等	・余暇活動の指導・青少年団体の育成 ・自主活動の援助・リーダーの育成
	民生・児童委員 主任児童委員	・地域の児童等の保護・保健・福祉に関する援助・指導 ・福祉事務所や児童相談所等との連携【児童福祉法】【民生委員法】
	保護司 更生保護婦人会	・非行少年・犯罪者の更生・保護 ・非行・犯罪の予防活動
	学校医・学校歯科医 ・学校薬剤師	・学校における保健管理に関する専門的指導・助言 ・疾病、障害、環境調整等についての相談　【学校保健安全法】
	防犯連絡所・子ども １１０番の家	・非行防止活動、啓発活動 ・子どもの安全を守るための活動・危機対応
	交通安全協会・ 交通安全母の会	・交通安全に関する広報活動・事故防止 ・交通安全運動への協力

2. 校内コーディネーターの役割

校内体制の整備、組織活動の調整、関係機関等との連携の窓口の役割を担うのがコーディネーターである。問題行動等への取り組みを布つくりに譬えると、コーディネーターは色も太さも違う多種多様な糸（保護者・地域住民、スクールカウンセラー等の専門家や児童相談所・警察等の専門機関）を必要に応じて取り出し、それらを巧みに織り上げる機織役ともいえる。各機関等の専門的な対応（縦糸）は強靭である。横糸（相互連携）も豊かになってきた。あとはそれを巧みに織り上げる機織を待つだけである。

機織がいかに重要であるかは、問題行動にかぎらず、教育相談、不登校問題、特別支援教育、キャリア教育等、さまざまな課題を議論した結果をまとめた報告書を読むと一目瞭然である。半世紀も前に作成された『生徒指導の手びき』（昭和40年．文部省）では、「生徒指導を高度に推進し、教育相談を有効に進めていくため」の、教育相談を専門に担当する「相談教師」の必要性を訴えている。機織役の必要性は早くから認識されていたのである。

コーディネーターは多様な重責を担うため、どの機織屋でも職人不足は深刻である。学校の小規模化に伴い、教職員の絶対数が減少している上に、ベテラン教員の大量退職期を迎え、経験を積んだ適任者不足が指摘されている。生徒指導・教育相談・特別支援教育のコーディネーターを統合するなどの工夫も見られるが、「チーム学校」の推進にあたり、常勤職としての学校配置が求められる。

コーディネーターの役割は次の6点にまとめることができる。カウンセリング・コーチング、アセスメント、コンサルテーション、コラボレーション、コンプライアンス、アウトリーチの頭文字を並べると「CACCCO」となる。すべての学校でカッコウの鳴き声が高らかに響くことを願う。

（1）カウンセリング・コーチング力

コーディネーターには、「聴く力」を重要視するカウンセリングとともに、「訊く技」が効果的なコーチングにも長ける必要がある。児童生徒等と本音で対話できることや援助要請力を高める問題解決的な教育相談力とともに、人間関係づくりやソーシャルスキルを育む開発的教育相談の力量を備えた人材が適任と思われる。

（2）アセスメント力

『生徒指導提要』では、アセスメントは「『見立て』とも言われ、解決すべき問題や課題のある事例（事象）の家族や地域、関係者などの情報から、なぜそのような状態に至ったのか、児童生徒の示す行動の背景や要因を、情報を収集して系統的に分析し、明らかにしようとするもの」と定義している。

このため、アセスメント力を向上させるには教育だけでなく、福祉、保健、医療、司法更正保護、雇用等に関する幅広い知識・認識が必要となるが、「餅は餅屋」と言うように、各担当者・関係機関はそれぞれが得意分野をもっているので、コーディネーターにはそれ

を見出し、上手に紡ぐ力が求められる。

(3) コンサルテーション力

コンサルテーションとは、専門家（コンサルタント）が問題を抱えた人（クライエント（クライアント））に直接関わるのではなく、その人を指導・援助している人（コンサルティ）に対して、相談に応じたり、助言を与えたりすることである。したがって、学校内でのコンサルテーションは、管理職や先輩教師が問題解決や課題達成に悩む教師や保護者から相談を受けたり、情報提供・助言・支援を行うことになる。

コンサルタント役となる管理職・生徒指導主事・教育相談担当・特別支援教育コーディネーター等は、日ごろから専門的な知識・技能の習得に努めるとともに、コンサルティを専門機関等につなぐ、コーディネーターとしての技量を磨く必要がある。

(4) コラボレーション力

関係機関等との連携協働の成果を上げるには、日頃の協力関係が大きく影響する。相互の立場を理解しあい、職務の困難さや苦労を共有できる関係の構築が欠かせない。警察署員を招いての薬物乱用防止教室や防犯訓練の実施、人権擁護委員会の依頼を受けての「SOSレター」の取り組みや人権尊重作文コンクールへの応募等、各機関の行事への参画、講師派遣依頼、教育活動への援助要請等を通して、相互理解を深めることが大切である。コーディネーターにはその「窓口」としての期待がかけられている。

(5) コンプライアンス力

コンプライアンスは本来「法令遵守」を意味するが、近年は職業倫理や職務姿勢等の尊重も含めた広い意味で使われている。また、「法化社会の到来」と言われるように、法的観点からの判断を求められることが多くなったため、コンプライアンスという言葉自体も「法を守る」という消極的な意味合いから、「法を知る」「法に学ぶ」という積極的な姿勢に目が向けられるようになった。

コーディネーターとしての役割を果たす場面でも、いじめ防止対策推進法をはじめ、問題事案に関わる法的知識が必要とされることが着実に増えている。

(6) アウトリーチの判断力

不登校問題への対応をめぐり、「登校刺激」についての議論がしばしば起こる。級友からの手紙や教師の家庭訪問が、「すくみ反応」を示すなど不登校の子どもを追い詰めてしまうこともあるが、「様子をみましょう」と放置することは無責任である。保護者と十分協議しながら、適切な訪問支援（アウトリーチ）に努める必要がある。

コーディネーターはスクールカウンセラー等と協議を重ね、アウトリーチの時機、担当者、方法等についての方針を立て、効果的なアウトリーチを援助する役割を担う。

3. 生徒指導における連携・協働の実際

1. いじめ問題

(1) いじめ防止対策推進法に定められた「連携」

いじめを主因とする痛ましい児童生徒の自死事案が依然として大きな社会問題となっている。一方、「いじめ利得」(いじめの被害を訴えることで何らかの利益を得ようとする) に絡んで、まったく非のない児童生徒がいじめ加害者とされる「冤罪事件」も各地で報告されている。いじめ防止対策推進法 (以下「法」という) が制定され、国をはじめ各教委・学校が真摯に取り組んでいるにもかかわらず、いじめ根絶への道のりは遠い。

学校はいじめの未然防止・早期発見に努め、悲惨な二次的問題を阻止しなければならないが、その際、「担任だけで」「学校だけで」という姿勢ではなく、保護者、地域住民、専門家 (機関) の助力を仰ぐことをためらってはならない。法では「連携」についての多くの規定がある。以下、主だったものを示す。

①第3条「いじめの防止等のための対策は (略) 国、地方公共団体、学校、地域住民、家庭その他の関係者の連携の下、いじめ問題を克服することを目指して行われなければならない」

②第8条「学校及び学校の教職員は、基本理念にのっとり、当該学校に在籍する児童等の保護者、地域住民、児童相談所その他の関係者との連携を図りつつ (略)」

③第14条「地方公共団体は、(略) 学校、教育委員会、児童相談所、法務局又は地方法務局、都道府県警察その他の関係者により構成されるいじめ問題対策連絡協議会を (略)」

④第17条「国及び地方公共団体は、(略) 関係者の連携の下に適切に行われるよう、関係省庁相互間その他関係機関、学校、家庭、地域社会及び民間団体の間の連携強化 (略)」

⑤第19条「(略) インターネットを通じて行われるいじめ (略) 監視する関係機関 (略)」「(略) 必要に応じ、法務局又は地方法務局の協力を求めることができる」

⑥第22条「学校は (略) 複数の教職員、心理、福祉等に関する専門的な知識を有する者その他の関係者により構成されるいじめ防止等の対策のための組織を置くものとする」

⑦第23条「学校は、いじめが犯罪行為として取り扱われるべきものと認めるときは所轄警察署と連携してこれに対処するものとし (略)」

⑧第26条「市町村の教育委員会は (略) 出席停止を命ずる等 (略)」

⑨第27条「地方公共団体は (略) 学校相互間の連携協力体制を整備するものとする」

(2) いじめ問題への対応

いじめ問題の解消は生徒指導上のみの課題ではなく、学校経営上の重要かつ喫緊の課題

である。各学校は「学校いじめ防止基本方針」（法第13条）に則り、同法第8条に定められた次の責務を誠実に実行しなければならない。

> 学校及び学校の教職員は、基本方針にのっとり、当該学校に在籍する児童等の保護者、地域住民、児童相談所その他の関係者との連携を図りつつ、学校全体でいじめ防止及び早期発見に取り組むとともに、当該学校に在籍する児童等がいじめを受けていると思われるときは、適切かつ迅速にこれに対処する責務を有する。

なお、いじめ対応の生徒指導計画の策定にあたっては、（表7-2）に示したように、リスクマネジメント（未然防止）、クライシスマネジメント（危機対応）、ナレッジマネジメント（再発防止）の危機管理3段階を縦軸に、教職員の責務、児童生徒への指導、関係機関等との連携を横軸にとり、具体的内容を書き込んだマトリクスを作成すると、意図的・系統的・組織的ないじめ対応策に取り組むことができる。

（3）学校防止対策委員会

法第22条に規定されるいじめ防止等対策組織は通常「いじめ防止対策委員会」と呼ばれる。構成員として、「複数の教職員」「心理、福祉等に関する専門的な知識を有する者」「その他の関係者」が挙げられている。学校内の委員に加え外部人材を任用した、「チームとしての学校」が目指されているのである。

校内のメンバーとしては、管理職、生徒指導主事、教育相談担当教諭、養護教諭等、学校の実情に応じて選任する。「専門的知識を有する者」には、スクールカウンセラー、スクールソーシャルワーカー、弁護士、精神科医等が想定される。「その他の関係者」には、地域の保護司、民生委員、人権擁護委員等とともに教員や警察官のOB・OG、子ども会や自治会の役員、子どもに関わるNPO等のメンバーが考えられる。いずれも関係機関等との円滑な連携を念頭に選出することが大切である。

2. キャリア教育

「キャリア教育の推進に関する総合的調査研究協力者会議報告」（平成16年1月、文部科学省）では、「キャリア」を「個々人が生涯にわたって遂行する様々な立場や役割の連鎖及びその過程における自己と働くことの関連付けや価値付けの累積」とし、キャリア教育はその「発達を支援し」、「キャリアを形成していくために必要な意欲・態度や能力を育てる」こととしている。端的には「勤労観・職業観を育む教育」「生きる力の育成」などと表現される。

中学校学習指導要領（総則）には「生徒が自らの生き方を考え主体的に進路を選択することができるよう、学校の教育活動全体を通じ、計画的、組織的な進路指導を行うこと」と記されているが、キャリア教育という用語は使われていない。しかし、中央教育審議会

表 7-2　いじめ危機管理表

時	学　校　（教　職　員）　の　責務	幼児・児童・生徒等への指導	保護者・地域・関係機関等との連携
リスクM：開発的予防的危機管理	1．いじめの認識・意識の高揚 ①「いじめ」の定義 ②「いじめ」の歴史 ③「いじめ」の実態 ④「いじめ」の種類 ⑤「いじめ」の影響 2．いじめ防止の指導法の修得 ①いじめ防止の全校体制の確立 ②個人の「いじめ防止力」の育成 ③集団の「いじめ防止力」の育成 ④校内研修の充実 3．早期発見の力量向上 ①いじめに気づく心構え・手法 ②観察力の向上・調査の活用 ③調査の効果的な実施法の修得 ④発達障害等への理解	4．個人の「いじめ防止力」育成 ①規範意識・自尊感情の向上 ②人権意識・生命尊重の定着 ③情報リテラシー・モラルの育成 ④「自分を守る力」の養成 ⑤援助要請力の涵養 5．集団防止力の向上 ①豊かな人間関係づくり ②居場所をつくる教育活動 ③いじめ防止プログラム 6．教師との信頼関係 ①教師の基本姿勢確認 ②学校教育相談の充実	7．いじめ防止の啓発 ①学校だより・HPの活用 ②地域団体等との連携・協働 8．いじめ防止の諸活動 ①人権擁護局の事業 ②人権団体等の事業 ③いじめ防止条例の制定 9．早期の情報提供・交換 ①教育委員会等との連携 ②関係機関等との連絡体制の構築 ③学校間の連携 ④地域団体との協働 ⑤ＰＴＡとの合同事業
クライシスM：問題解決的危機管理	1．全校指導体制の構築 ①全校体制の構築 ②事例研究会による役割分担 2．被害者の保護支援体制の強化 ①自殺の防止 ②具体的支援策の策定と実施 ③二次的問題の防止 3．いじめ指導の早期実施 ①指導手順・方法の確認 ②調査・聴き取りの留意点の確認 ③集団把握方法の理解 ④ネットいじめへの留意点の確認 4．関係機関等との連携 ①エコマップの作成 ②自殺の場合の調査実施	5．被害者の保護・支援 ①カウンセリングの継続 ②目に見える具体策の実行 ③自殺が起こった場合の対応 6．加害者の指導 ①責任を自覚させる指導 ②集団内の人間関係を理解 ③懲戒・責任遂行 7．集団指導 ①全校決議（撲滅宣言等） ②学級（HR）での指導	8．被害者保護者への対応 ①保護者対応の基本 ②対応上の課題（被害届提出等の相談） 9．加害者保護者への対応 ①加害者の保護者への対応 ②加害者の保護者との協議（謝罪・弁済等） 10．保護者対応 ①臨時保護者会の開催 11．教育委員会との連携 ①出席停止の判断・進め方 ②区域外就学・指定校変更の協議 ③事故報告書等の事務手続き 12．関係機関との連携・協働 ①警察等への通報・告発の判断 ②関係機関のコーディネート ③マスコミ対応の基本
ナレッジM：再発防止的危機管理	1．振り返り・取組の総括 ①教師の加担・助長の有無の確認 ②学校が問われる法的責任 ③マニュアル見直し ④指導体制の再確認 2．いじめ防止教育の位置づけ ①道徳教育への位置づけ ②いじめ関連図書の整備 ③教職員研修計画の立案 3．事後処理 ①訴訟への対応 ②保護者の質問への責任ある回答 ③事故報告書のまとめと共有	4．被害者への継続支援 ①全教職員での見守り・心のケア ②二次的問題への対応（不登校、転校、退学、うつ等） 5．加害者への継続支援 ①加害児童生徒への支援 ②補導逮捕された子への対応 6．全校一丸の取組の決定・実施 ①防止委員会・ピアサポート等の活動支援 7．全校児童生徒対象の再発防止策 ①法教育・命の教育等の推進 ②特別活動のさらなる充実	8．保護者・PTA等との連携 ①再発防止策の策定・実施 ②問題の経過説明 9．教育委員会等との連携 ①文科省通知、手引書、リーフレットの周知 ②教育委員会との連携強化 10．二次的問題の解決 ①若者の自立支援 ②警察・学校相互連絡制度の機能化

初等中等教育分科会教育課程部会の「審議のまとめ」（平成19年11月）では、「社会の変化への対応の観点から教科等を横断して改善すべき事項」として、情報教育等とともにキャリア教育を7つの課題の一つに挙げている。

この「審議のまとめ」では、キャリア教育の内容を「集団や社会の一員としての守るべきルールやマナーの修得、望ましい勤労観・職業観の育成、将来への希望や自立といった人間としての生き方の自覚などにかかわる事項に重点を置く」（中学校）と示している。このためには、人間関係形成、情報活用、将来設計、意思決定の4つの能力の養成・向上が必要とされるが、これらは生徒指導との関係が深いものばかりである。

文部科学省通知「不登校への対応の在り方について」（平成15年5月）には、「不登校の解決の目標は、児童生徒の将来的な社会的自立に向けて支援すること」と明記され、「学校、家庭、地域が連携協力し、不登校の児童生徒がどのような状態にあり、どのような支援を必要としているのか正しく見極め（「アセスメント」）を行い、適切な機関による支援と多様な学習の機会を児童生徒に提供することが重要であること。その際には、公的機関のみならず、民間施設やNPO等と積極的に連携し、相互に協力・補完しあう意義が大きいこと。」と、連携ネットワークによる支援の必要性に言及している。

また、ニート、ひきこもり等「社会生活を円滑に営む上で困難を有する」子ども・若者の支援について定められた「子ども・若者育成支援推進法」（平成22年4月施行）の第2条「基本理念」には、「教育、福祉、保健、医療、更正保護、雇用その他の各関連分野における知見を統合して行うこと」と、幅広い支援体制が必要であることを強調している。ここでも、「餅は餅屋」の考え方が基盤にあることがわかる。

（嶋﨑　政男）

【引用文献】

小林正幸・嶋﨑政男（2013）. 三訂. 子どもの相談機関ガイド. ぎょうせい.
嶋﨑政男（2013）. 脱・いじめへの処方箋. ぎょうせい.

学校における危機管理
～保護者対応から～

1.危機管理の３段階・５機能

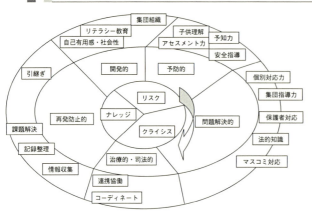

図8-1　３段階危機管理図

危機管理はリスクマネジメント（未然防止）・クライシスマネジメント（危機対応）・ナレッジマネジメント（再発防止）の３段階、開発的、予防的、問題解決的、治療的・司法的、再発防止的の５機能に分けることができる（図8-1）。

　これは循環型のマネジメントであり、危機回避能力の育成、危機的状況の予知・予測、未然防止への対処、危機への準備、危機対応、再発防止までを含めた一連の目的的・計画的・組織的・総合的な活動を指す。

　危機管理では、リスクマネジメントとクライシスマネジメントの２段階が解説されることが多いが、ナレッジマネジメントは効果的なリスクマネジメントを展開するための重要な役割を担っている。ナレッジマネジメントは、「危機への対応を通して得た知識・認識・方策等を特定の個人や団体だけのものとせず、多くの人が共有・活用していこうとすること」を意味する。「他山の石」「他人のふり見て我がふり直せ」の感覚である。

　リスク・クライシス・ナレッジという循環型の危機管理の構造は、人事・組織管理から、教職員の服務事故、施設・設備・通学路等の安全、児童生徒の問題行動、学校事故、会計・事務等での、あらゆる危機状況への対応に共通する。

2. 教職員の危機管理力の育成・向上

　学校危機管理の充実を図るためには、教職員一人一人の危機管理力を磨き、学校全体としての「組織的危機管理力」を向上させることが大切である。組織的危機管理力の基礎となる教職員の危機管理力の育成・向上のためには、これまでの事故・事件をもとに自校で

の発生を防ぐための事例検討・研修や危機への準備を進めるとともに、日常的に発生する「危機」への対応を通して、実践的・経験的に次のような資質・能力を高める必要がある。

(1) 危機意識

「危機管理は危機を危機と感じた時に始まる」は、危機管理の箴言の一つである。全教職員が常に危機意識をもち、児童生徒への目配り・気配りを怠ることなく、「安心・安全」な学校づくりに努めることが求められる。

(2) 予知・予測力

「小さなサインに大きな問題」と言われる。「1つの重大事故の背後には29の軽微な事故があり、その背景には300の"ハッと・ヒヤッと"する出来事がある」と教える「ハインリッヒの法則」は、労働災害にかぎらず、学校事故等への備えには忘れてはならない。微小な徴候を鋭く捉える感性を磨くには、児童生徒理解力を高め、過去の事例に謙虚に学ぶ（ナレッジマネジメント）姿勢が大切である。

(3) 危機回避力

危機回避力とは、危機の未然防止・危機からの回避という「戦略」を達成するための、具体的「戦術」の検討・評価・変更までの一連の動きを適切に実施する判断力・決断力・実行力を総称する。災害・問題行動等の発生を想定し、その事案に応じたマニュアルを策定することが危機回避力の向上につながる。

(4) 危機準備力

非常事態に備えた設備・備品等は、常に点検・整備を行い、マニュアル同様「新鮮」に保つことが大切である。刺股（不審者侵入時使用）やエピペン（アナフィラキシー治療の自己注射薬）の保管場所が周知されていない学校が多いという。「喉元過ぎれば熱さを忘れる」ことのないよう、全教職員が再認識する必要がある。

(5) 安全教育指導力

安全教育は、交通安全、生活（防犯）安全、防災安全、情報安全に分類されるが、指導内容に共通点も多いため、安全指導計画策定の折には重複する部分はまとめ、各分野で強調する内容を重点化することが求められる。

安全教育は、単なる知識の伝達にとどまらず、体験学習や擬似体験を取り入れるなど、指導法の改善・充実に努めることも大切である。

3. 危機管理の「さしすせそ」

危機管理の要諦は、「さしすせそ」、すなわち「（さ）最悪を想定し、（し）慎重かつ（す）素早く、（せ）誠意をもって、（そ）組織で対応する」にある。

①さ：「最悪を想う」とは、その時点における次の展開の最悪状況に思いをはせることである。掲示物の乱れや清掃活動の「手抜き」等を見落としているうちに深刻な学級

崩壊を招いた例もある。早期発見と早期指導に努めたい。

②し・す：「慌てず・焦らず・諦めず」。初期対応の鉄則である。「慎重」とはこのような態度で臨むことである。「素早く」は文字通り一刻も早い措置（救急措置・被害拡大の防止・関係機関への連絡等）をすることを意味する。

③せ：「誠意」とは目に見える具体的な行動を指す。誠意は相手が感じる感情である。「目に見える行動」と「心理的事実の伝達（気持ちをしっかり伝える）」がなければ、単なる主観的な思い込みにすぎない。

④そ：一人で対応「しない・させない・すまさない」は、組織対応の基本理念である。組織対応のポイントも、「最小」「指揮」「遂行」「専門」「相互」という"さしすせそ"にまとめることができる。

　「最小」（一人であっても即時に対応）、「指揮」（指揮系統の明確化）、「遂行」（自己の役割の遂行）、「専門」（専門機関等との効果的連携）、「相互」（相互支援・相互慰労）に努めることで効果的な組織的取組を推進することができる。

4. 危機管理の実際：保護者クレーム問題

1. 保護者クレーム対応力

　児童生徒の健全な成長を促すには学校と家庭の連携が欠かせない。教職員と保護者が信頼関係で結ばれ、相互の役割を補完するなかでは、いわゆる「クレーム問題」は生じない。「モンスターペアレント」という造語に象徴される、両者の関係不全は児童生徒に暗い影を落とすだけでなく、学校運営や教育活動に悪影響を与える。

　保護者の理不尽な苦情や要求が社会問題化したのは、1990年代後半といわれる。校内暴力世代が親になった時期とも重なり、ストレス社会や急激な教育改革が進んだ時期との関連も指摘されている。さらに、保護者世代が学校をサービス提供の一機関とみる消費者意識の高まりや権利意識の高揚との関係も注目されている。

　多くのクレームは「保護者の訴えに真摯に耳を傾け、気持ち（心理的事実）を受容する」ことで解決に向かう。しかし、時に初期対応での「ボタンの掛け違い」が事態を悪化させてしまったり、さまざまな課題をもつ保護者の執拗なクレームにより、教師の自死事件という悲劇が起こったりしている。

　教職員自身がコミュニケーション力を向上させたり、保護者の気持ちを的確に受け止める教育相談力を身につけることが肝要であるが、教職員の対応力だけでは解決できない事例が増えている。

2．保護者クレームへの基本姿勢

保護者と教師は「児童生徒の健やかな成長を願い、協働するパートナーである」。まずもって、保護者と教師のパートナーシップを理解する必要がある。このように考えると、以下に示した基本姿勢の意義が理解できる。

(1)「保護者の苦情・要求は当たり前」との意識をもつ

「自子主義」(1998年「中央教育審議会答申」) という言葉があるように、「わが子可愛さ」ゆえの苦情・要求は当然ありうる。むしろ、保護者として当然の言動である。保護者を「モンスター」などと蔑称することはあってはならない。「子どもを愛するお母（父）さん」と思い、身構えず、落ち着いて対処することが大切である。

(2) 子どもを「ど真ん中」におく

保護者と教師が対立していたのでは、子どもを苦しめるだけである。また、他の児童生徒のことを考えずに一保護者の言葉を鵜呑みにすることは、当該児童生徒に疎外感を与えたり、時にいじめの対象にしてしまうことさえある。「子どもをど真ん中に」を常に意識しなければならない。

(3)「困った親は困っている」との見方をする

理不尽な苦情が、保護者のどうしようもない葛藤や苦悩の発露になっていることがある。教師が「困った」と感じる親のなかには、保護者自身が困っているケースが多いので十分な配慮が必要である。

3．保護者クレームのリスクマネジメント

(1) 保護者との連携・協働の重要性を自覚する

教育基本法第13条には、「学校、家庭及び地域住民その他の関係者は、教育におけるそれぞれの役割と責任を自覚するとともに、相互の連携及び協力に努めるものとする」と努力義務が明文化されている。保護者との連携・協力の重要性を自覚する必要がある。

(2) 保護者・教師間の予防的・開発的機能を強化する

保護者と教師がより良い関係の構築のために行う相互理解の深化や連携・協働活動を「予防的・開発的機能」という。保護者との関係悪化を防ぐには、教師の保護者理解を深め、早期対応に努めることが大切である。

4．保護者クレームのクライシスマネジメント

(1) まず「傾聴」、「聞く」「訊く」も駆使する。

まずは保護者の訴えに耳を傾け真剣に聴くことである。苦情が「悩みの相談」に変わることはよくある。しかし、「聴く」は大変な労力を必要とする。時には「聞く」でもよい。また、タイミングを見計らって、「お母さんはどうお考えですか」「どんな援助をお望みで

すか」などと「訊く」場面があってもよい。

(2)「心理的事実」を受容する

明らかなミス（客観的事実）があった場合には心からの謝罪が必要であるが、誤解に基づいた苦情等の場合にも、相手の気持ち（心理的事実）は真摯に受け止める。傾聴の際は相づちを打つだけでは、すべてを受容してもらえたとの「勘違い」が生じてしまう。「○○ということなのですね」などと、気持ちを確かめながらの対話を心がけたい。

(3) 保護者のタイプを見極める

多くの保護者は「話せばわかる」「聴けば納得する」。しかし、なかには「話しても・聴いても」埒があかないことがある。

たとえば、ふだん子どもに手をかけていない保護者がクレーマーとなる心理を理解する必要がある。教師を前に口角泡を飛ばすことで「親らしさ」を感じたり、周囲から「やっぱり親だね」と認めてもらいたいという親心理の理解も必要となる。

(4) 危機管理の「さしすせそ」に留意する

「この程度のケガなら」などと、校内での負傷事故を保護者に知らせないことは、保護者への報告・連携義務に問われるが、それ以上に、「最悪を想った」対応という基本原則に反する。曖昧な連絡や後手となる対応は「素早さ」に欠ける。「慎重」はよいが「誠意」をもった「組織」対応に努めなければならない。

(5) 直接会って話す

「言語情報」「聴覚情報」「視覚情報」という３つの情報源のなかで、真偽を推量するのにもっとも重視されるのは「視覚情報」と言われる。いわゆる相手の表情・身振りである。電話でのやりとりが大きな誤解を生む事例は多い。「フェイス・ツー・フェイス」（直接顔を合わせて話す）ことの重要性を認識することが重要である。

(6) ３つの「１リスペクト（尊敬）」を実践する

３つの「１リスペクト」とは、「１人」が玄関で待つ、「１杯」のお茶で来校の労をねぎらう、「１枚」の名刺を渡し話し合いの責任者であることを伝える、という３つの行為のことである。リスペクトの気持ちが伝わると、その後の話し合いを円滑に進めることができる。

(7) 保護者との位置関係に留意する

保護者は座席位置や最初の言葉かけ等にも敏感である。保護者の心情を逆なでするような行為は避けなければならない。一人の保護者を多人数で取り囲むような座席、過去のことを根掘り葉掘り責めるなどの行為は、保護者との間に壁を作るようなものである。

(8)「優しさ・厳しさ」、「柔らかさ・剛毅さ」の出し入れで対応する

受容と許容は違う。「そうですね」の相槌だけでは、「納得してもらえた」と思われても仕方がない。「———とおっしゃったのですね」という確認が大切である。

5. 困難事例のクライシスマネジメント

通常のクレームは、誠意をもって真摯な姿勢で対応することで終息する。しかし、時に、加虐性、操作性、粘着性等の性格傾向をもつ保護者が、教師を精神的に追い詰めたり、明らかな金銭目的で苦情を訴えたりする例も散見される。このような場合には、とくに次の点に配慮した毅然とした対応が必要となる。

(1)「限界設定」を行う

「これは一教師の問題ではない」「保護者の問題性が強く感じられる」等の判断を下し、校内チームの結成や関係機関との連携を指示するのは、管理職や教育委員会の重要な役割である。適切な「限界設定」が望まれる。

(2) 一人で対応しない・させない・すませない

教師の自死事件という不幸は防がなくてはならない。若い教師には学年主任等が「同席面接」し、困難事例にはチームで組織対応を行うことが重要である。

(3) 面接の三原則（人・場・時）を守る

「人・場・時」の原則は厳守しないと、徐々に要求が高まる。あらかじめ約束した「人」と面談する、面談の「場」は学校を基本とする、約束した「時」（開始時刻・面談時間）を厳守する。なお，夜間の電話に悩む例を仄聞するが，「断る勇気」も必要である。

(4) 毅然とした対応を行う

誠意ある対応をしているうちに、要求が徐々に肥大化していくことがある。要求に応じられなくなった時（深夜の呼び出し等）は、「ダメはダメ」「できないことはデキナイ」と断る、毅然とした姿勢が求められる。

(5) ペース＆同調者の「巻き込み」に注意する

操作性、巻き込み、権威性、詰問性、加虐性は「困った親」の特徴である。相手の指定時間（場所）に変更を求めるなどの"ひねり"を入れたり、「訊く」技術を駆使したコーチングの技法を活用したりするなど、保護者のペースに振り回されないよう心がけたい。

(6) 正確（具体的な言動）な記録を残す

「○君の母親来校、○について不満を述べる」という程度の記録では役立たない。「大声を出しバケツを投げようとした」は「職員室の○○教諭に聞こえる声で、『おまえなんか辞めさせてやる』と言いながら、廊下にあったバケツを頭上 10cm 以上持ち上げて投げ、事務室のドアに当たった」というように、具体的に記録をとっておく。

(7) リソース（資源）を活用する

キーパーソン（問題解決の鍵を握る人）となる人を探し、その人の援助を得る。キーパーソン探しには、エコマップの作成が役立つ。ジェノグラム（家族関係図）とエコマップ（家族に働きかけができる人をリソース（資源）として、ジェノグラム上に記し、関われる相手と矢印で結ぶ）の作成により探すことができる。

(8)「制度化・義務化の法則」を周知する

　深夜の電話、大声での恫喝、実現不可能な要求などには、毅然とした姿勢で臨むことが重要である。保護者からの要求に「個人として」断ることは難しくても、学校組織の一員としてならば、「学校として○○と決まっているのです。私にはそのことを守る義務があるのです」という言い方ができるであろう。

(9) スクールコンプライアンスに精通する

　脅迫・監禁・暴行・恐喝・威力業務妨害罪等、刑法に抵触する言動は保護者であっても許されない。警察への通報が必要なこともある。「○○君の父親だから」ではなく、「○○君の父親だからこそ」、罪を重くしてはならないのである。

(10) 関係機関の支援を受ける

　対応が困難な事例には、教師の力だけでは対応できないものもある。管理職や教育委員会が「限界設定」した場合には、警察や福祉事務所等の関係機関と緊密に連絡を取り合い、専門的な助言・支援を受けることが大切である。

　教育委員会によっては、弁護士や精神科医等で構成する「学校問題サポートセンター」を設置し、クレーム問題に専門的に対応しているところもある。また、「法化社会」が進展するなか、弁護士会による法律相談や行政書士会が主宰する ADR（裁判外紛争解決）相談も増えている。

（嶋﨑　政男）

Chapter 9

インクルーシブ教育を進めるために

～合理的配慮と学習指導要領改訂のポイント～

1. はじめに

　過去「特殊教育」といわれた特別支援教育は、大きな変化を遂げており、その変化は現在進行形でもある。本章では、変化の概要を述べ、近年注目されるインクルーシブ教育システム構築のための就学相談支援と合理的配慮について解説する。最後に、今後なされる学習指導要領改訂とのかかわりで重要となる点について指摘する。

2. 特殊教育から特別支援教育へ、そしてインクルーシブ教育システム構築へ

1. 特殊教育から特別支援教育へ

　過去、わが国においては、障害の「種類」と「程度」に応じて、通常の学級・学校とは別の「場所」でより専門的な教育を行う分離教育が、障害児を対象とした教育施策として進められた。「特殊教育」と呼ばれた時代である。対象となる障害種は視覚障害、聴覚障害、知的障害、肢体不自由、病弱・身体虚弱であり、主要5障害といわれた。場所は「特殊学級」「養護学校」であった。そして、「軽度障害は特殊学級へ、中度・重度は養護学校へ」が、就学指導の方向性であった（ただし, これらの障害の他に、「言語障害」が通級指導教室で、また、自閉症を主とした「情緒障害」が特別支援学級で指導されてきた）。

　ところが、2001（平成13）年に「21世紀の特殊教育の在り方―― 一人一人のニーズに応じた特別な支援の在り方について――（最終報告）」が、2003（平成15）年に「今後の特別支援教育の在り方について（最終報告）」が調査研究協力者会議から出され、時代が変わることになった。「特別支援教育」時代の始まりである。ここでは、障害のある幼児児童生徒一人一人の教育的ニーズに応じた教育への転換が述べられた。大きな変更の一つは、対象の拡大であった。具体的には、以前には対象ではなかった学習障害（LDと略記されることが多い）、注意欠如多動性障害（ADHD）、高機能自閉症等（ASD）の児童生徒も支援の対象とした。この方向に応じる学校教育法の一部改正が2006（平成18）年に行われ、2007（平成19）年4月から施行された。この年を「特別支援教育元年」と呼ぶことがある。改正の概要は次の3点だといわれる。①盲学校、聾学校、養護学校を障害種別を超えた特別支援学校にする（72条）。②特別支援学校は、在籍する児童生徒の教育を行うほか、要請に

応じて、小中学校等に在籍する障害のある児童生徒等の教育について助言・指導を行う（74条）。③通常の学校園においては、障害のある幼児児童生徒に対して適切な教育を行う特殊学級を特別支援学級とする（81条）。さらに、2008（平成18）年3月には、「通級による指導の対象とすることが適当な自閉症者、情緒障害者、学習障害者又は注意欠陥多動性障害者に該当する児童生徒について（通知）」が出され、通級指導の対象範囲が拡大された。

　これらの一連の転換の教育界における意義は、どこにあるのか。それは、障害のある子どもの教育問題が、教育に携わるすべての関係者の問題になったことであろう。従来、障害のある子どもの教育は、少数の一部の専門家のみが行えばよかった。しかし、現在は、すべての教師の基礎的知識の一部とみなされるようになってきた。

　たとえば、ユニバーサルデザインという言葉がある。障害の有無、年齢や性別、国籍や民族などにかかわりなく、誰もが等しく使いやすいように、安全で便利な都市や建物、道具を実現しようとする考え方である。ここでは、障害のある児童生徒が学びやすい教育環境や指導法は、その他の子にも同じように学びやすいといわれる（東京都日野市公立小中学校全教師・教育委員会・小貫悟，2010）。また、発達障害のある子がいじめで不登校になるケースがある。これは学級経営の問題であり、こうした子が出ないような学級経営はすべての子にとって居心地のよいクラス作りにつながるといわれる。福祉分野では弱者が排除されない社会は強い社会であるといわれる。高齢者や子ども、女性、障害者、マイノリティが住みやすい社会は万人が住みやすい社会であることを意味している。3つの例に共通することは、障害児者の問題は、障害児者のみの問題ではなく、その解決がより一般的な問題の解消につながっていることである。特別支援教育は、教育全般に関わる問題である。

2. インクルーシブ教育システム構築へ

　2014（平成26）年1月、わが国は「障害者の権利に関する条約」を批准した。この条約の批准に向けた一連の障害者制度改革のなかで、教育についても検討がなされ、中央教育審議会初等中等教育分科会は、「共生社会の形成に向けたインクルーシブ教育システム構築のための特別支援教育の推進（報告）」を提出した。現在、この報告にある提言に沿って特別支援教育が推進されている。

（1）インクルーシブ教育

　先述の法改正の2007（平成19）年4月に、「特別支援教育の推進について（通知）」が出され、次のように述べられた。「特別支援教育は、障害のある幼児児童生徒の自立や社会参加に向けた主体的な取組を支援するという視点に立ち、幼児児童生徒一人一人の教育的ニーズを把握し、その持てる力を高め、生活や学習上の困難を改善又は克服するため、特別な指導及び必要な支援を行うものである。……（中略）……さらに、特別支援教育は、障害のある幼児児童生徒への教育にとどまらず、障害の有無やその他の個々の違いを認識しつつ様々な人々が生き生きと活躍できる共生社会の形成の基礎となるものであり、我が

国の現在及び将来の社会にとって重要な意味をもっている」(『1. 特別支援教育の理念』より抜粋)。特別支援教育が共生社会実現に向けた人づくりのコアとなることが強く認識されていることがわかる。

　中教審では、これを受けて次のように述べられた。「共生社会とは、……（中略）……誰もが相互に人格と個性を尊重し支え合い、人々の多様な在り方を相互に認め合える全員参加型の社会である」、「インクルーシブ教育システム（inclusive education system 包含する教育制度）とは、人間の多様性の尊重等の強化、障害者が精神的及び身体的な能力等を可能な最大限度まで発達させ、自由な社会に効果的に参加することを可能とするとの目的の下、障害のある者と障害のない者が共に学ぶ仕組み（以下略）」である（概要「1. (1) 共生社会の形成に向けたインクルーシブ教育システムの構築」より抜粋）。

　多様性の尊重が鍵となる共生社会、それを推し進めるインクルーシブ教育だが、これが教育界に及ぼす影響は大きい。学校教育では、よく「周りを見てごらん。みんなと同じようにやらなくてはいけないね」と諭すことがある。同じことが公平・平等であり、また、公準ともいえるルールである。しかし、多様性の尊重にあっては、表面的・形式的な「同じ」は公平・平等ではない。「違っていても、公平・平等な場合がある」ことが認められる。みんなと同じようにやらなくても許される子どもは、クラスメイトから「ひいきだ」「ずるい」といわれる。どのように説明できるのか、教師の力量が問われることになる。

(2) 連続性のある「多様な学びの場」

　インクルーシブ教育システム構築に向けては、連続性のある「多様な学びの場」において、環境整備が図られる必要がある。多様な学びの場としては、通常の学級、通級による指導、特別支援学級、特別支援学校などが挙げられる。障害の種類や程度が拡大され、状態像が多様な子どもが対象となる特別支援教育であるから、学びの場も多様でなくてはならないことは容易に推測できる。しかし、これを強調することは、排除しない、ともに学ぶ仕組みであるインクルーシブ教育システムの推進を阻害することにもなりかねない（清水，2016）。次項で述べる就学先の決定の問題と合わせて丁寧に考える必要がある。

　近年、通級指導教室を利用する子どもや特別支援学級に在籍する子どもが急速に増加し、設置校数も増え、それらは校内で特別支援教育を進める貴重なリソースとなっている。校内支援、（逆）交流と呼んで、通常学級に学籍を置きながら一部の授業を通級や支援学級で受ける子どもがいる。また、情緒障害の特別支援学級には過去には在籍しなかった知的に高い子どもが在籍するようになり、教科中心の教育課程を組む学級もある。さらに、高等学校にも通級指導教室を設置する法改正も進められている。子どもの多様な教育的ニーズに応じて、適切な指導ができる多様な学びの場が求められている。

3. インクルーシブ教育システム構築のための「就学相談支援」と「合理的配慮」

1. 就学相談支援

　先述の連続性のある多様な学びの場の整備と関わって、就学相談のあり方や仕組みにも変更が求められている（図9-1）。従来、単に就学先を振り分けていた就学指導は批判され、就学相談として丁寧な手続きに基づく総合的な判断が求められ、また、就学後のフォローも提案されている。

（1）就学先の決定

　その子どもが伸びる教育環境はどこなのかを視点に、適した場所を選ぶことが大切である。本人や保護者の意向が尊重されねばならないが、この経過で、子どもの自己理解が進むこと、また、保護者の子ども理解が深まることも求められる。固定的ではなく子どもの育ちによって変わることができる「連続性」も確保されている必要がある。障害児教育分野では、教育課程論のなかで「集団編成」について論議されてきた。対等平等な人間関係のなかでこそ豊かな人格が育つといわれる。その子の学ぶ環境として、どのような仲間関係が築けるのか個人ばかりでなく学習集団の観点からの検討も重要となる。

（2）就学先の変更と保護者の心情理解

　学年進行に伴って、通常学級に在籍している子どもが特別支援学級に転籍するなど、就学先の決定と同時にその変更も教育現場ではよく問題になる。通常学級を選択して子ども

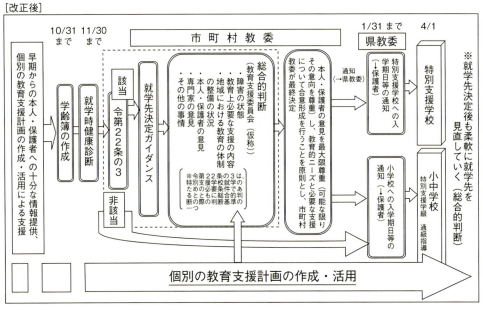

図9-1　障害のある児童生徒の就学先決定について（手続きの流れ）

を学ばせている保護者に学籍を話題にすることは、障害の受容と結びついた大きな決断を保護者に求めているということを、教師は理解しておく必要がある（北島，2004）。担任のみならず、特別支援教育コーディネーター、管理職等を含めた支援体制のなかで双方が努力した結果、また、通級指導教室や支援員などのリソースを活用した結果、それでも通常学級での学びに困難が大きい場合に、特別支援学級への転籍が一つの選択肢となる。

2．合理的配慮と基礎的環境整備

わが国は、2014（平成26）年1月に「障害者の権利に関する条約」を批准した。この条約批准のために、障害者に関わる国内法が整備され、2011（平成23）年には障害者基本法が改正され、2013（平成25）年には障害者差別解消法が制定された。

（1）合理的配慮と基礎的環境整備

この権利条約のなかで、合理的配慮の定義が述べられた。「障害者が他の者と平等にすべての人権及び基本的自由を享有し、又は行使することを確保するための必要かつ適当な変更及び調整であって、特定の場合において必要とされるものであり、かつ、均衡を失した又は過度の負担を課さないものをいう（条文「第二条 定義」より抜粋）」差別解消法では、公教育を含む行政機関が合理的配慮を提供せず、それが不当な差別にあたる場合、法律違反となると規定されている（不当な差別的取り扱いの禁止）。中教審では、合理的配慮が基礎的環境整備と区別され、3観点11項目に整理された。合理的配慮が「個別に必要な配慮」であるのに対して、基礎的環境整備は不特定多数に必要な国、都道府県、市区町村で整える教育環境である。合理的配慮は基礎的環境整備をもとに個別に決定されるものであり、各学校における基礎的環境整備の状況によって、提供される合理的配慮は異なる。合理的配慮は本人・保護者の意思の表明に基づき相談の上で合意形成されるものだが、教育においては意思の表明がない場合でも自主的な取り組みに努めることが望ましいとされる。詳細は、「文部科学省所管事業分野における障害を理由とする差別の解消の推進に関する対応指針の策定について」を参照されたい。

（2）留 意 点

どのような合意形成がなされたかは、個別の教育支援計画に記録しPDCAサイクルに基づき見直され、関係諸機関に引き継がれていく。たとえば、高校入試や大学受験等で配慮を要請する場合に、学校教育においていかなる配慮がなされてきたかが大きな判断材料となるため、教育支援計画の作成や合理的配慮の記録は重要である。

合理的配慮はすべての個に応じた支援を指すものではない。より限定して考えれば、配慮がない場合に権利を侵害し差別にあたる場合の配慮を意味する。清水（2016）は、合理的配慮の実践事例集について、「①特定の学校内環境のもとで周囲の子どもたちにも提供される「配慮」内に入るものでなく同輩とは異なる優遇的措置であり、②特定の児童生徒一人への「特別な措置（配慮）」の提供であり、③それにより教育活動への不参加が解消さ

れ、④保護者の「意思の表明」の権利行使として「特別な措置（配慮）」が提供されたという事実が記載されるべきである（p.82.l.8~12）」と述べている。

特別支援学級や特別支援学校のように、個に応じた配慮が日常なされる教育環境であっても、合理的配慮は適用されるものである。とくに、高等部段階から就労段階へ移行支援する場合、学校内でどのような配慮をしてきたかを関係機関に引き継ぐために教育支援計画への記録が大切となる。

地域の「基礎的環境整備」の状況によって学校で可能な「合理的配慮」が異なるため、地域間・学校間格差を認めるものとの批判もある。しかし、個の置かれた状況において具体的に検討すべき配慮のため、一律の基準を設けるものでもない。

4. 特別支援教育と関わる学習指導要領改訂のポイント

現在、学習指導要領改訂の作業が進行中である。案が提示され、パブリックコメントの結果が公表されている。今後、幼稚園は2018（平成30）年度に、小中学校、高等学校は2020（平成32）年度から順次、改訂が進められる予定である。特別支援学校も同様である。今後の教育活動に大きく影響するだろうポイントを学校種ごとに指摘しておく。

1. 幼小中学校

答申の「総則」や「特別支援教育部会における審議の取りまとめ」（文部科学省教育課程課・幼児教育課編，2017）で述べられているように、「全ての学校や学級に発達障害のある子どもたちが在籍する可能性があることを前提として」改訂が進められている。そのため、「特別支援教育は、かつての特殊教育の対象となっていた障害だけでなく、知的発達に遅れのない発達障害を含めた全ての障害を対象として、教育上特別な支援を必要とする子どもたちが在籍する全ての学校で実施されなくてはならない」（取りまとめ『1.（1）特別支援教育の意義』より抜粋）。

総則では、「全ての教科等において指導の工夫の意図、手立ての例を具体的に示していくことが必要である」と述べられている。各クラス担任や教科担当が、授業を展開するにあたり支援を要する子どもについて配慮することが求められる。たとえば、小学校指導要領（案）では「障害のある児童などについては、学習活動を行う場合に生じる困難さに応じた指導内容や指導方法の工夫を計画的、組織的に行うこと（答申『第8章5.教育課程全体を通じたインクルーシブ教育システムの構築を目指す特別支援教育』より抜粋）」と述べられた。ここでは、子どもの困難さを的確に把握する教師の目が大切となる。

2. 通級指導教室

高等学校では2018（平成30）年から通級指導が開始される。先述の取りまとめでは「通

級による指導の目標・内容は、障害による学習上又は生活上の困難を主体的に改善・努力するための指導であって、特別支援学校の自立活動に相当するものである」(取りまとめ『2.(4) 高等学校』より抜粋)と述べられた。通級指導教室での教育では、通常教育にはあまりなじみのない「自立活動」の視点をもつことが重要となる。

3. 特別支援学級・特別支援学校

特別支援学級の教育課程には、通常学級と特別支援学校の両者との連続性が強く求められる。特別支援学校においても同様に、学びの連続性が確保されることが述べられた。とくに、在籍する児童生徒の障害の状態の多様化に対応して、知的障害のある児童生徒のための各教科、自立活動、重複障害者等に対する教育課程の取り扱いの改善・充実が求められている。具体的には、いわゆる「合わせた指導」と教科との関連性(目標・内容・評価)や連続性が課題として指摘されている(答申『第2部第1章5. 特別支援学校』を参照)。

5. お わ り に

「基礎的環境整備」と「合理的配慮」を進めながら、適切な就学相談支援を行っていくことがインクルーシブ教育システム構築の鍵となる。学習指導要領の改訂によって、すべての教員に配慮に基づく授業を展開する力が求められている。

(北島　善夫)

【引 用 文 献】

中央教育審議会初等中等教育分科会特別支援教育の在り方に関する特別委員会 (2012). 共生社会の形成に向けたインクルーシブ教育システム構築のための特別支援教育の推進(報告).

中央教育審議会初等中等教育分科会教育課程部会 (2016). 特別支援教育部会における審議の取りまとめについて(報告).

独立行政法人国立特別支援教育総合研究所 (2015). 特別支援教育の基礎・基本新訂版 —— 共生社会の形成に向けたインクルーシブ教育システムの構築. ジアース教育出版社.

北島善夫 (2004). 軽度障害の疑いのある子どもの親. 諸富祥彦・植草伸之編　カウンセリングテクニックで極める教師の技②保護者とうまくつきあう 40 のコツ　こんな保護者, こんなとき. 教育開発研究所 pp.149-152.

文部科学省教育課程課・幼児教育課編 (2017). 中央教育審議会答申「幼稚園, 小学校, 中学校, 高等学校及び特別支援学校の学習指導要領等の改善及び必要な方策について」全文　別冊初等教育資料 2 月臨時増刊. 東洋館出版社.

清水貞夫 (2016). インクルーシブ教育と「合理的配慮」. 清水貞夫・西村修一共著「合理的配慮」とは何か? —— 通常教育と特別支援教育の課題. クリエイツかもがわ.

東京都日野市公立小学校全教師・教育委員会・小貫悟 (2010). 通常学級での特別支援教育のスタンダード —— 自己チェックとユニバーサルデザイン環境の作り方. 東京書籍.

☆･∴･☆ 【コラム3】児童虐待にあっている子どもに教師はどう対応するか ☆･∴･☆

　従来は虐待によって死に至る可能性があっても親元から子どもを保護できなかったが、2000年に成立した「児童虐待の防止等に関する法律」（防止法）によって、虐待に対する国・地方自治体の責務が明確にされ、子どもの保護・措置が可能になった。虐待には、身体的暴力、育児放棄（ネグレクト）、性的暴力、暴言を浴びせるなどの心理的暴力があり、さらに2004年には保護者のＤＶ（配偶者に対する暴力）を子どもに目撃させること（面前ＤＶ）も心理的暴力に加わった。警察が虐待を受けているとして児童相談所に通告した18歳未満の子どもの内訳は、2016年には面前ＤＶ（24,998人）を含む心理的暴力が前年より5割以上増えて37,183人、身体的暴力11,165人、育児放棄5,628人、性的暴力251人となっている。また虐待の総数も2004年から12年連続で増加し、2016年には前年より46.5％増えて54,227人とはじめて5万人を超えた。以前なら表に出ないものが顕在化したケースもあるため、虐待そのものがこれだけ増えたと言えないとはいえ、教師は自分のクラスに虐待を受けている子どもがいる事態を想定する必要がある。

　ここでは、小学校入学の段階ですでに外国籍の母親から虐待を受けていたＡＤＨＤを伴う男子児童ＡおよびそのＢ担任の事例を取りあげる（大橋美枝子「児童虐待とジェンダーの視点」民主教育研究所『人間と教育』第48号、旬報社、2005年を参照）。

　[入学式当日] 児童相談所が関わるＡの虐待問題をＢ担任ははじめて知り、まずは学校内でＡの2年生になる兄とその担任教師から情報を得た上で、教頭とともに父親から聞き取りを行い、以後は主として父親と連絡をとることにした。またＢ担任はＡを落ち着かせることを最優先に考え、母親にはＡのプラスの面を伝える努力をすることにした。

　[4月末] 友だちに暴力をふるうＡに子どもがおびえている、との保護者からの手紙をＢ担任は校長に見せ、担任だけでは対応できないと判断して職員会議等で実態を知らせた。以後、同学年の2人の担任と毎日のように打ち合わせをして協力を得るとともに、給食時には栄養士が入り、はさみを使う授業では教頭がつきそい、Ａが教室を出て行った時には主事や空き時間の教師が対応することで、Ｂ担任は可能なかぎりクラスにいるようにした。

　[6〜10月] おんぶや抱っこでＡを落ち着かせながら授業をしたり、課題ができた時には皆の前でほめるなどする中で、少しずつ友だちにけがをさせることも減ってきた。1週間の学校公開の時にクラスの様子を「のぞき」に来て「意外に授業が成り立っている」との印象をもった母親たちがクラス作りに協力的になり、週2回朝20分の読み聞かせを担当したり、学級懇談会でＬＤ・ＡＤＨＤのための学習支援講師を付ける要望書提出の決定をした（翌年に実現）。またＰＴＡの役員たちが母親同士のつながりを作るために懇親会などを企画し、幼稚園で一緒だった母親たちがＡの母親を誘い、参加に導いた。

　[11月] Ｂ担任はＡの学校生活の記録を用意して児童相談所職員との定期的な協議に臨み、2週間だけ一時保護をしたところ、その後母親の体罰が減少したことを確認しあった。

　[2年生6〜9月] クラスの子たちがＡを仲間と捉え、Ａも学習に取り組むようになる。しかし、Ａによる相次ぐ事件（他人の車を傘で傷つけ弁償するなど）のせいで、Ａは母親による暴力で顔中傷だらけで登校するという事態になり、校長は主任児童委員に即座に連絡をして緊急一時保護の上、2カ月間の保護措置となった。その間に知能テストや発達診断を実

施、9月に障害児学級（現、特別支援学級。以下同様）への転校となる。児童相談所の紹介によって地元の開業医が主治医となり薬を処方し、本人もその効果を実感して積極的に服用するようになる。

　［2年生10月］主治医、児童相談所職員、障害児学級の担任と教頭、Ｂ担任による今後の対応についてのカンファレンスの場で、Ａの家庭が父親から母親へのＤＶや兄妹のすさまじいけんかによる暴力で支配されていることをＢ担任ははじめて知る。Ｂ担任は、母親を追い込まないようにしていたことに誤りはなかったと感じつつも、母親をもっとバックアップできなかったかと自省した。

　以上から学ぶべき点は、まずは校長をはじめとする教職員たちとの情報の共有と協力の大切さである。さらにＢ担任の誠実な対応とともに保護者たちの理解と協力により、Ａの母親は徐々に母親たちの輪に入るようになった。

　しかし虐待は貧困などの社会問題の反映でもある。児童相談所などの専門機関・専門家と多角的総合的に検討することで、学校内だけでは知り得ないその家族の事実を「発見」することも多い。そのなかで教師としてすべきこと、できることを見出すことが求められる。

　子どもから虐待の相談を受けた時に、まず様子を聞こうと親にその話をしてしまわないだろうか。小学生の時に担任教師にそうされたことで「どうして先生に話したのか」と親からの虐待がひどくなり、あきらめの気持ちになり、以後大学生になるまで誰にも相談できなかったとの話を当事者から聞くことがある。また高校のスクールカウンセラーがネグレクトの事例を児童相談所に相談しようとしたら、保護者からの反発を恐れて学校の管理職がそれをさせなかったということもある。防止法には、学校の教職員は虐待の早期発見に努めるとともに、発見したら速やかに通告しなければならないと規定されているにもかかわらず、である。児童相談所などに状況を伝えることから事が始まることを忘れてはならない。

（井上　惠美子）

Chapter 10

特別支援・個別支援で
活用できる心理的アセスメントと教育

■ 1. 子ども理解のための心理的アセスメントの重要性 ■

　教師は、子ども一人一人の自己実現に向け、その能力を最大限に引き出す役割が求められる。子どもの個性の育成は性格のみならず、生得の知能、学習環境が影響力を及ぼす学力、早期からの働きかけにより加速される特技・技能、とくに幼少時は家庭の養育力の影響が大きい身体発達、友人との対人関係技能のソーシャルスキル、子どもを取り巻く家族のリソース（家庭環境・経済力・教育力など）、そして、学校生活の適応度など、さまざまな要因から成る。

　文部科学省（2012）の調査から全体の約6.5％程度含まれるといわれる発達障害は、彼らへの教育的な配慮としての"障害"という枠組みの捉え方もあるが、それをも含めた"個性"としての枠組みでの理解もできる。また、近年は、外国人家庭の子どもの増加がもたらす異文化への理解、および、性同一性障害（性別違和）を含むLGBTの性的マイノリティーに対しての理解など、子どもの多様性の問題への対応は多岐にわたる。もちろん、学校現場では不登校やいじめなどの非社会的問題行動や非行などの反社会的問題行動といった旧来の問題も存在している。

　とくに、思春期を迎える中学生は、特別支援教育の対象者だけではなく、社会、家庭、学校生活、進路などストレスを抱えるすべての子どもに対して、教師として目が離せない。重要な学齢期を迎える子どもの教育を行う日本の教師は、国際比較調査において慢性的に多忙状態であるがゆえ、効率的に生徒（生活）指導を行うことがこれまで以上に求められる。ここで、全児童生徒を対象とした予防的な取り組み（例：いじめ調査；教育相談週間）、学年・学級・個別を対象とした心理教育（第15章参照）、本章で取りあげる心理的手法を活用とした定期的なポートフォリオ形式（記録蓄積型）のアセスメントがますます重要になってくる。

■ 2. 心理的アセスメントについて ■

1. 目的：生徒理解のためのアセスメント

　とくに学級担任は、子どもの個性を十分に把握した上で、教科指導、生徒（生活）指導、学級活動、進路指導、教育相談を展開していくことはいうまでもない。これに加え、教師

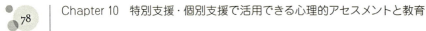

は、さまざまな様相を示す子どもを理解するために、科学的な視座に基づいた教育がこれまで以上に求められ、最新の理論や技法を積み重ね専門性を構築していく必要がある。

　また、教師は子どもを十分に観察・理解した上で、個々の教育方針や個々の"集合体"である学級の特質や学級全体の高いモラール（士気）を保ちながら学級運営を営むことが重要である。つまり、教師は、個々の子どもの観察と学級全体の集団凝集性に留意しながら、同時に、自分自身の生徒への関与もモニターするという深い分析・洞察を行う必要がある。これら相互作用のかかわりは、教師自身がリフレクション（省察）していく態度が求められ、一連のプロセスは心理的アセスメントのプロセスと重複していると考えられる。

　心理的アセスメントの典型を解説する。①個々人の精神状態を客観的に理解するために検査やチェックリストによる行動観察を行うなど多角的に情報を収集する。②その資料に基づき専門家チームによる受理面接を行い、今後のカウンセリングの中長期的な見立てを行う。③クライエント（クライアント）のニーズに合致した担当者や心理療法を選別する。④カウンセリングが開始されてからは、毎回、記録を取り、必要に応じて、定期的にスーパービジョン（機関内のベテラン・外部機関の者などにより協議する）を受ける。⑤定期的に職場全体の事例検討会議を行い、中長期なアセスメントの軌道修正を行う。ここでは、担当者や心理技法の変更もありうる。これら一連のプロセスは、クライエントに対してより質の高いカウンセリングサービスを提供するためには欠かせなく、カウンセラーにとっても自分のカウンセリングがうまく機能しているかどうかを振り返る良い機会となる。

　教師は教育の専門家であり心理臨床家ではないが、これらの科学的なチーム支援モデルを学校現場で可能な範囲で取り入れることは意義深い。近年、"チーム学校"という概念が文部科学省により推奨されているが、チーム学校は、さまざまな児童生徒に対して、担任だけの限られた指導に陥らないために、学年主任をチーフとした"学年内のチームワーク"、生徒（生活）指導部会にみられるような生徒指導主事をチーフとし、養護教諭、スクールカウンセラー、スクールソーシャルワーカーなどを交えた"多学年・他職種によるチームワーク"、そして、校長をチーフとした学校全体のチームワーク、さらには、PTAをはじめ地域の支援・人脈を活用した"広域チームワーク"などがある。とくに特別支援教育には、このチーム連携の視点が重要になってくる。

2.　学校におけるアセスメントの特徴

　学校においては、本格的な医療機関における精神医学的アセスメント、および、教育センター機関における心理アセスメントを行う時間的余裕やスタッフはなく、また、医師は配属されていないので診断名を伴う本格的な医療アセスメントを行うことはできない。経験豊かな教師が該当児童生徒が発達障害の特徴を多々観察し、妥当だと感じても、そのことをうまく保護者に伝えられない、あるいは、伝えたとしても保護者が医療機関への受診に応じないケースが少なくない。学校においては、本格的な医療モデルのアセスメントを

行えないという限界点、および、該当の児童生徒を医療機関につなぐことへの限界点がある。このような場合、適切な教育支援を行うためには、教育センター機関に準じるような心理的アセスメントについて、"ある程度の仮定"を打ち出し支援を行うことが現実的ではないだろうか。

　ここで、学校におけるアセスメントを行うに先立っては、特別支援教育コーディネーターの"船頭役"が欠かせない。ただ、本章末の資料1で提示するように、学校組織として体制が不十分な場合や教職員の理解が深まっていない環境下では、かなりの努力が必要になってくる。コーディネーターが一人で抱え込み疲弊していくことを避けるために、また、校内研修の一環としても、第一歩として全職員が現状を確認することは役立つのではないか。なお、コーディネーションの先駆例としては、所沢市の取り組みがある（阿部, 2007）。

3.　チーム学校による分析的な視座

　学習理論に基づく認知行動療法のアプローチは欧米諸国における主として医師による精神療法や臨床心理士によるカウンセリング場面における一般かつ主要モデルとなっている。行動観察においては観察者の生得の感受性が基本であるが、これに加え、クライエントの抱える問題に関する最適なテストを選出・実施・分析し、さらには、それらに基づいた多角的な分析力が求められる。たとえば、普段、いじめの被害にあっている生徒が、ポケットにナイフを隠していたことが発覚した場合、"加害者への仕返しの執着心""気弱で過度のおびえ（それほど、辛い経験をした）""自己防御としての安心感が得られるお守り""ストレス・トレランス（耐性）が低い""担任に気づいて欲しいというサイン""カッターやナイフに執着している（ガンマニアなど）""ナイフをちらつかせることでの反社会的な威嚇行為""整理整頓が苦手で、使用したものを所持したまま"など、多角的な解釈が可能となる。このように、各々の"仮説"を丁寧に分析し検証することにより、指導方法は異なってくるので、教師は、観察力と分析力、そして、思考の柔軟性が欠かせない。

　次に、"チーム学校"としての観点から具体的なアセスメントのプロセスを説明する。たとえば、発達障害、とくに自閉症スペクトラムの子どもの場合、意思表示が不得手であるため、転校や進級による担任の交代、新しい教育プログラムの導入、学級へのあらたなクラスメートの加入などの環境の変化が本人にとって負担であると、指しゃぶり・鉛筆かじり・チック・奇声など行動面、あるいは、アトピー性皮膚炎や円形脱毛症の悪化など、身体面にストレス反応がみられるケースがある。ここで、"チーム学校"の視座に立ち、子どもを取り巻く学校場面で、担任だけでなくさまざまな教職員からの観察に基づく情報が組織的に得られれば、"問題"として共通認識される。この段階では、初期アセスメントを修正・改善させる必要が生じ、多職種によるチーム支援の立場で子どもの教育支援方法を再検討する必要が生じてくる。コーディネーターは定期的な会合を運営するための組織力と校内外からの情報収集のための行動力が求められるであろう。

4. 代表的な発達障害の理解

　代表的な発達障害の特徴に関しては、教師は医師ではないため診断はできないが、学校においては第一の発見者となりうるので、すべての教員は校内・外研修などで事前に理解しておく必要がある。とくに、学習障害（LD）、注意欠陥多動性障害／多動症（ADHD）、自閉症スペクトラム（ASD：旧マニュアルDSM-4の分類は、“広汎性発達障害”の分類下で、①自閉症；②アスペルガー症候群；③レット障害−であったが、新分類のDSM-5（大野，2014）では③を除外し、①と②を同分類）の各々の特徴と合理的配慮は熟知しておく必要が前提となる（第9章参照）。

　医師による診断がない場合でも、教育的支援を行われずに、そのまま対応を変えないことは子どもに対して不利益であるので、教師はあくまで“暫定的”アセスメントとしての仮説的な立場に留めて指導にあたることが重要である。また、留意しなくてはならないことは、あくまで暫定的であるので、早期に精神科医師を受診するよう支援を行うことが基本である。しかしながら、精神科医師には成人対象を得意とする専門家と子どもの発達を専門とする専門家がある点が重要である。成人に比べ子どもに対しての精神的診断は、子ども臨床の豊富な経験が必要であるので、教師が子どもの発達の経験の豊富な医師を紹介することが必要である。このため、教師は、地域のネットワークを活用し、少なくとも、子どもの専門の医療機関を熟知していることが好ましい。保護者が不安を抱いているケースでは、教師が適切な情報提供と支援を行えば、保護者との信頼関係が構築できるといえる。

3. 学校における教師が行うアセスメント・ツール

　以下のアセスメント・ツールを、特別支援コーディネーターが中核となり、必要に応じ、適時、組みあわせて行う、あるいは、発達検査などは教育センターの心理職に依頼することが望ましい。

　学校で行う有効なアセスメントの筆頭としては、学級経営や人間関係が鮮明になるQ-U（河村，2007）が挙げられ、とくに重要で、コラム4を設けたので、導入を推奨する。Q-Uは、最近、自治体単位による学校補助予算のもと採用が増大しているが、学校全体で実施することが意義深い。他にも対人関係のエゴグラムは家族や友人関係における精神分析的なエッセンスが込められ、かつ、簡易版が書籍で出版されており、心理教育の一環としての活用も可能である。

　なお、パーソナリティーの深い理解：投影法（SCT；バウム検査）、および、発達検査：WISC-IV；田中ビネー知能検査；K-ABC、また、性格検査：Y-G性格検査その他性格検査などについては、昨今は、教育委員会から教師が行わないように指示が出ている自治体があり、スクールカウンセラーも学校では行わない傾向にあるようである。

いじめをはじめとした学校生活全般の適応度に関しては、教師作成（または、学校伝承）のアンケートを行うことが重要である。これは、問題のある回答を教師がクラスの特徴として、あるいは個々の生徒についてスクリーニング効果（事前に問題行動をひろいあげる）が期待できるからである。このアンケートには、児童生徒の氏名を書かせる"記名式"と書かせない"無記名式"との併用が好ましい。前者は、もちろん、いじめの被害者や加害者を特定することができる。しかしながら、一斉実施する場合には、静かな教室で一人だけ鉛筆の記入をしていることはクラスの皆には知られたくないという作用が働くため、真実を書かない傾向もあろう。無記名式の場合は、本音を語りやすいが、"いじめアンケート"と称しては重く、学校生活全体を把握することが大切であるので、たとえば"生活アンケート"として、複数項目のなかからいじめの被害や目撃情報を問う項目も挿入させておけば、回答する側としては抵抗が少ないであろう。両者ともにさらに丁寧・厳格に行うためには、全員に対して封書で翌日に副担任が回収し、開封の宛先をスクールカウンセラーや養護教諭にしておけばさらに正直な回答が得られるであろう。

　また、ジェノグラム（家族関係図；例：早樫, 2016）は、子どもの家族関係や友人関係を視覚的に瞬時に把握できるメリットがあり、もともと医療・司法領域で広く活用されているが、学校においても活用できる。A4版用紙に、本人（学校の場合は該当の児童生徒）を取り囲む三世代の家族の人間関係、つまり、家族構成メンバー各々の年齢（子どもの学年）と就職や学校の立場を、各々、図枠の内外に手書きでよいので明記し、このうち同居メンバー全体を大きく丸で囲んで示す。空いたスペースに、本人とかかわりの深いクラスメートや部活動の友人などリソース（人的資源）を得られず対人関係を追記できる形式のシートである。図の下段には、空欄や記入スペースを設け、日付入りの出来事や記入者のコメントを加えていく。このシートを週や月ごとに、ポートフォリオ形式で、その基礎的情報記載のジェノグラムをコピーし、最新の友人関係やかかわりをもつ教職員を上書きして、ファイリングできる。

　以上のようなアセスメントを活用していくには、アセスメントの役割配置（担当者；段取り；分析外部委託）を含む特別支援担当教員のコーディーネーション力が核となる。

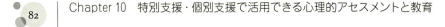

4. アセスメントとそれに基づく教育についての留意点

　コーディネーターの主導のアセスメントに基づき、生徒指導部会、教育相談部会、適応指導部会、学年会議など、学校の実情に応じた委員会の場で、毎週～毎月、少なくとも学期に1度のペースで、"チーム学校"で開催することが好ましい。アセスメントによる指導目標設定の頻度は、短期（月単位）・中期（学期）・長期（年度、卒業後の移行期支援）がある。

　以下、アセスメントの実施、および、それを応用する上での留意点を列挙する。

①　コーディネーターは、各学校の委員会組織や校風に即したアセスメントを企画する。

このためには、全職員が資料1のチェックリストを行い、不十分な点が共通理解されることは、支援の第一歩となるであろう。

② "アセスメント用紙作成のためのアセスメント"であっては本末転倒であり、そうではなく、指導のためのツールであるので、短い時間での用紙記入を工夫し、"児童生徒の成長のためのアセスメント"という視座に立つことを常に心がけておく必要がある。

③ 前述した"チーム学校"を基本としつつ、この立場では子どもや家庭のプライバシーに触れる機会が多いが、配慮のため"集団守秘義務"という校内の専門家集団内における情報の共有化と情報流出には十分に留意することが欠かせない。また、情報保持・破棄についてあらかじめルールを決めておく必要がある。

④ 教師は、"コンサルテーション"、つまり、学内・外の専門家と対等に協議できるように、アセスメントの"レパートリー"を順次、広げていく姿勢が重要である。

⑤ アセスメントの結果が独り歩きしないよう、つまり、特定の解釈に縛り付けられて"レッテルを貼らないよう（ラベリングをしないよう）"に心がける。

⑥ 子どものできない点（マイナスのこと）にばかりフォーカスしないで、できること、つまり、"リソース"に着目した指導を心がける。リソースについては、日頃からジェノグラム用紙に気づいた点を書き込む習慣を行っていると一助になる。

⑦ 指導上、単に"ほめる"（この場合、上下関係や評価者の顔色を窺う弊害もあるため）のではなく、"アドラー心理学"のアプローチのように、教師は子どもの行動を"勇気づける""期待して見守る"姿勢を示し、そして、"コーチング"のように子どもにやる気が湧いてくる"エンパワーメント"させるアプローチが大切である。

⑧ 一部のADHDに対しては向精神薬が有効なことがあるが、子どもが学校や家庭で薬の管理ができているかどうか、とくに、学校場面では教師による確認が必要である。

これらのことに留意し、学校において心理的なアセスメントという科学的な視座に立って、特別・個別支援を行うことが意義深い。

（武田　明典）

【引 用 文 献】

阿部利彦（2007）．教師の力で明日できる特別支援教育．明治図書．

フランセス, A. J.（2014）．大野裕他訳　精神疾患診断のエッセンス：DSM-5 の上手な使い方．金剛出版．

早樫一男　編著（2016）．対人援助のためのジェノグラム入門．中央法規．

河村茂雄（2007）．学級づくりのための Q-U 入門．文化図書．

文部科学省（2012）．通常の学級に在籍する発達障害の可能性のある特別な教育的支援を必要とする児童生徒に関する調査．

森孝一（2001）．LD・ADHD 特別支援マニュアル．明治図書．

資料 1　武田式特別・個別支援教育レディネス・チェックリスト

（コピーしてご活用ください）

Q1　特別支援教育コーディネーターが配置され、委員会として定期的に会合を開いているか？

Yes ／ No

Q2　特別支援コーディネーターの経験・コーディネーション力はあるか？

Yes ／ No

Q3　特別支援教育委員会のチームワークはとれているか？

Yes ／ No

Q4　学校職員全体のモラール（職場士気）は高いか？

Yes ／ No

Q5　学校全体で、児童生徒に教育相談週間アンケートや学校生活アンケート類を行っているか？

Yes ／ No

Q6　あなたは、特別支援教育について、知識・経験があるか？

Yes ／ No

Q7　あなたは、児童生徒や保護者の対応に困った際、教職員と協議しているか？

Yes ／ No

Q8　あなたは、児童生徒の行動観察を心がけているか？

Yes ／ No

Q9　あなたは、校内アンケート類を面談や授業に活用しているか？

Yes ／ No

Q10　あなたは、児童生徒、保護者、教職員からの意見を教育に取り入れているか？

Yes ／ No

＜集計＞

Yes が10個　……充実した支援体制が整っておりますので、体制を継承することが重要です。

Yes が8・9個　…もう少しの吟味・再検討で、理想の支援体制が整います。

Yes が5~7個　…1)No が前半の"学校組織面"でしたら、管理職のリードが必要です。
　　　　　　　　　2)No が後半の"あなた自身の認識"の場合は、まず自覚することが重要です。

Yes が0~4個　…深刻ですので管理職に働きかけ、かつ、あなた自身も省察する必要があります。

1. Q－Uとは

　『楽しい学校生活を送るためのアンケートQ－U（QUESTIONNAIRE － UTILITIES）』は、標準化された心理検査である。頭文字をとってQ－Uと呼ばれている。児童生徒たちの学級生活の満足度と学級生活の領域別の意欲・充実感を測定し、〇不登校になる可能性の高い児童生徒、〇いじめ被害を受けている可能性の高い児童生徒、〇各領域で意欲が低下している児童生徒、を発見することができる。併せて、学級内の児童生徒の満足度の分布状態から学級集団の状態が推測でき、学級崩壊の予防・学級経営の指針に活用することができるのである。

　Q－Uは小学生1～3年生用・4～6年生用、中学生用、高校生用、専門学校生用、大学生用がある。2016年度、全国でのべ500万人を超える児童生徒、学生に実施されており、全国の県や市・町の教育センターにおいて、学級経営、生徒指導、教育相談に関する教員研修の手段としてQ－Uの結果が活用されている。

2. 特別支援・個別支援での活用の仕方

　文部科学省（2012）によると、通常学級に在籍する特別支援教育を必要とする子どもは，平均的な30人学級でほぼ2人の割合で在籍していることになる。つまり、通常学級でも特別支援教育を実施していくことは、今や特別のことではなく普通のことである。教員は、障害があるなしにかかわらず、すべての子ども一人一人の教育的ニーズを把握し，適切な指導および必要な支援を行うことが期待されている。

　このようななかで、Q－Uの活用方法としては二つの方向がある。

　一つは、学級内の学習面と生活面に関して全体対応だけでは不十分で、特別支援や個別支援を必要とする児童生徒を早期発見するために、Q－Uを実施する場合である。まず、

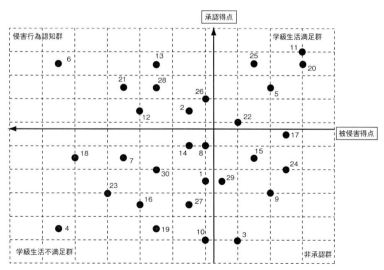

図1　Q－Uの4つの群に示される児童生徒のプロット図

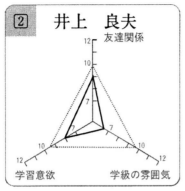

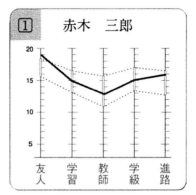

図2　児童生徒の援助が必要な領域

学級生活での満足感の低い児童生徒を、Q-Uを実施して見出すのである。

　Q-Uは学級内の児童生徒を4つのタイプにカテゴライズ（図1）して、援助レベルに関する情報を提供してくれる。不満足群の児童生徒が3次支援レベル（問題行動が表出しており、学級内で、一人で自律して生活や活動ができない状態で、個別に特別の支援が求められるレベル）が想定され、非承認群と侵害行為認知群の児童生徒が2次支援レベル（問題行動は表出してはいないが、内面に問題を抱えていたり、不適応感も高まっていて、一斉指導や全体の活動のなかで個別配慮が常に必要なレベル）が想定されるのである。

　抽出された3次、2次支援レベル児童生徒に対して、その要因として人間関係の軋轢レベルの問題なのか、次の①～④の要因を抱えているのかを吟味するのである。

　①今までの生育暦のなかで、その能力が十分に育成されていない

　②情緒的な問題を抱え、行動できない

　③家庭の問題などの物理的問題を抱え、不具合が生まれている

　④能力に器質的な問題を抱え、うまく行動できない

　とくに④が疑われる場合には、専門機関で発達障害についての詳細なアセスメントをする必要があるのである。

　もう一つのQ-Uの活用方法は、特別支援教育の必要性が確認されている子どもが、より適応的に充実して学級内で生活や活動できるようにするために、Q-Uを実施し、活用するものである。該当する子どもは学級集団のなかでどの位置にいるのか（図1）、支援が必要な領域はどの領域なのか（図2）の情報を得て、能動的にサポートしていくのである。

　大事なことは、Q-Uを実施することではなく、Q-Uから得られた情報を適切に活用することである。特別支援が必要な児童生徒は、いじめ被害を受ける可能性の高い、ハイリスク群の児童生徒である。とくに、日常観察では見えなかった情報については、早急に個別面接などを実施して、確実な支援を行うことが求められるのである。　　　（河村　茂雄）

文部科学省（2012）. 通常の学級に在籍する発達障害の可能性のある特別な支援を必要とする児童生徒に関する調査.

Chapter 11

小学校英語教育
～いよいよ教科化へ～

1. は じ め に

　グローバル化が加速するなか、文部科学省は、2016年8月、次期学習指導要領で3、4年生において「外国語活動」を週1コマ（年間35単位時間）、5、6年生では英語を教科化し「外国語科」として、週2コマ実施することを正式発表した。これをもって2020年度より、英語が正規の教科として、小学校第5、6学年で本格的に始まることとなった。

　本章では、まず英語が小学校で「外国語活動」として必修化されるに至った経緯と背景、そして現行の「外国語活動」の現状について述べ、次に「外国語科」として教科化されることになった経緯、「外国語科」の目標と指導内容、そして最後に教科化に向けて今後の課題について、主に教科内容および教員養成の点から述べる。

2. 外国語活動必修化の経緯と背景

1. 2002（平成14）年度より「英語活動」開始

　小学校における英語教育は、2002年度より、小学校3年生以上で週3時間導入された「総合的な学習の時間」のなかで、国際理解教育の一環として外国語会話を取り入れるなどの体験的な学習を行うことが可能になったことから始まった。翌年2003（平成15）年には「『英語が使える日本人』の育成のための行動計画」が発表され、「子どもたちが21世紀を生き抜くためには、国際共通語として英語のコミュニケーション能力を身につけることが不可欠」、「英語が使える日本人」の育成は、子どもたちの将来のため、および「我が国の一層の発展のためにも非常に重要な課題」と示された。文部科学省はこのなかで「小学校の英会話活動の支援」を行うと宣言し、小学校英会話活動推進のための手引きを作成することや、英会話活動の実施状況に関する調査を行い取り組みの改善に資すること、また研究開発学校制度を推進して小学校の英語教育に関する指導法などを開発すること、ALT（外国語指導助手）の配置促進や英語に堪能な地域人材の活用を促進することを約束した。

　このような経緯を経て、文部科学省が実施した2007（平成19）年度の「小学校英語活動実施状況調査」では、全国で97.1%の小学校が何かしらのかたちで英語活動に携わっていることがわかった。「英語活動」のねらいは、2001（平成13）年「小学校英語活動実践の手

引き」で、「言語習得を目的とするのではなく、興味・関心や意欲の育成」であると示され、前述の文部科学省の実施状況調査の結果では「歌やゲームなど英語に親しむ活動」「簡単な英会話（あいさつ、自己紹介）の練習」などが中心に行われていた。

英語活動のあり方や指導法については、教科としての英語の研究開発を行う研究開発学校、教育課程の枠組みを超えて独自の英語教育を推進する「構造改革特区」（後の「教育課程特例校」）、その他地域の拠点校（モデル校）などで、さまざまな研究が行われた。

これらの取り組みの結果、児童の ALT に対する抵抗感が薄れ、コミュニケーションに対する意欲や、外国の文化や生活に対する興味・関心などにおいて高まりがみられるようになった、という報告が多くなされた。一方、英語活動が進んでいくに従い、歌や遊びだけでは不十分であること、児童の発達段階や学習段階に応じた指導を考えることが重要など、活動の進め方や内容について課題もみられた。

2. 2011（平成23）年度より「外国語活動」必修化

前述の平成19年度文部科学省実施の調査では、多くの小学校が英語活動に従事していることがわかった。しかし、そのなかには、月に1回程度しか実施しなかった小学校も、週2回実施した小学校も含まれるなど、学校間で時間数に大きなばらつきが生じた。そのためそのばらつきを是正し「高学年において週1回程度について、共通の教育内容を設定する」ことで「義務教育として教育の機会均等を確保」し「中学校教育との円滑な接続を図る」（文部科学省, 2006［平成18］）こととなった。小学校の英語教育は、2008（平成20）年の教育課程部会での審議を経て、2011（平成23）年度より新しい学習指導要領において、5、6年生を対象に「外国語活動」という名で必修化され、「総合的な学習の時間」とは別に教育課程に新設されることとなった（表11-1）。

英語教育の必修化は、中央教育審議会などが異文化理解や国際理解教育の必要性などの観点からさまざまな議論を行い、20年以上の経緯を経てようやく辿り着いた結果である。その背景には、1）国際共通語として英語が幅広く使われていること、2）しかしそれにもかかわらず国際的に比較して日本人の英語力が低いこと、また3）児童生徒の学力の国際比較において、日本人の学力が低下していることが現実の問題となったことなど、社会・教育的事情が大きな理由として挙げられた。

表11-1「英語活動」から「外国語科」への年表

年　　　度	出　来　事
2002 年	小学校3年生以上で「総合的な学習の時間」が週3時間導入され、この中で国際理解教育の一環として外国語会話等の実施が可能となる。「英語活動」の始まり。
2011 年	小学校5、6年生に「外国語活動」として必修化。
2020 年	小学校5、6年生に「外国語科」として教科化。

現在英語は国際社会のなかで、4億人に母語として、3〜5億人に第2言語として、そして7億5千万人に外国語として（Cristal, 2003）、幅広く使われている。英語力は、国際競争力を高めると同時に、他国と協力していく上でも必要不可欠である。しかしながらTOEFLなどにおける日本人の英語力はアジア圏内でもずっと底辺に位置したままである。一方で、タイ（1996）、韓国（1997）、台湾（2001）、中国（2001）などの近隣諸国は（年号は開始年次）、国家戦略として英語を小学校段階で推進している。英語は母語が異なる人々をつなぐ中心的な役割を果たしており、日本においても「小学校段階における英語教育の充実」（文部科学省, 2006 [平成18]）を図る必要性が掲げられた。

　学習指導要領は社会の要請や子どもたちの学習状況などを踏まえ、おおよそ10年に1度の割合で改定される。授業時間数や指導内容は、その時々の社会のなかで、どういう教育をしていけば子どもたちの将来に備えることができるかという観点から、教育課程の基準としてまとめられる。2011年度の学習指導要領では、昭和50年代の改定以来減り続けてきた授業時間が30年ぶりに増加され、小学校の授業時間数は6年間で、2011年改定前より273コマ増え、5,645コマとなった。このような時間増は、ゆとり教育に対する批判や、OECDによる学習到達度調査（PISA）、国際数学・理科教育動向調査（TIMSS）などにおいて国際的に順位が下がり、日本人の学力低下がみられたことが影響している。ゆとり教育は従来の知識重視型の教育方針を詰め込み教育であるとし、経験重視型の教育方針を目指した教育で、1980年度に施行された学習指導要領から授業内容および授業時間数が削減されたことに始まった。そして、2002年度からは完全学校週5日制が実施され、2010年度まで続いた。しかし、学力低下が国際的に公となった現状を前に、中央教育審議会は2007年の答申で、ゆとり教育による学力低下を反省し、2011年度より実施された学習指導要領では、授業日数および授業時間数を増加した。小学校の外国語活動は、このような社会的・教育的事情から、日本人の英語力を底上げし、グローバル社会に対応するための試みとして始まったのである。

3. 現行の「外国語活動」としての小学校英語教育

　2011（平成23）年度より5、6年生を対象に必修化された「外国語活動」は、道徳や特別活動と同じ「領域」に属するもので「教科」ではない。したがって「教科書」は存在せず、平成21年度から平成23年度までは「英語ノート」が、平成24年度からは「Hi, friends!」が副教材として使用されている。これらは「教育の機会均等、中学校との円滑な接続、外国語活動の質的水準」を確保するために文部科学省より配布された共通教材である。しかし、使用義務はなく、自治体によって独自に開発した教材を使用している小学校もある（たとえば、文部科学省より特例を受けた千葉県船橋市では、「船橋カリキュラム」を市の54の小学校で1年生から「教科書」として使用している）。さらに、テストや評定による評価は行わ

れていない。

「外国語活動」の目標は次の通りである（小学校学習指導要領，文部科学省）。

> 外国語を通じて、言語や文化について体験的に理解を深め、積極的にコミュニケーションを図ろうとする態度の育成を図り、外国語の音声や基本的な表現に慣れ親しませながら、コミュニケーション能力の素地を養う。

「外国語活動」は、言語や文化に対する理解を深め、コミュニケーションを図ろうとする態度の育成を狙いとしている。「コミュニケーション能力」の向上は、小・中・高等学校一貫した教育目標である。小学校では「聞く」「話す」など、音声を中心としたコミュニケーション活動を通して言語や文化を体験的に理解させ、「コミュニケーション能力の素地」を養い、中学校では「コミュニケーション能力の基礎」を、高等学校では実践的「コミュニケーション能力を養う」ことが英語教育の目標に掲げられている。コミュニケーション能力は、急速に進展するグローバル社会のなかで、文化や考えが異なる相手の主張を理解し、相手を尊重した上で自分の考えや意志をはっきり言葉で主張できる能力である。コミュニケーションの素地を養うことを目的とした小学校英語教育は「小学校段階にふさわしい国際理解やコミュニケーションの活動を通じて、言葉への自覚を促し、幅広い言語力や国際感覚の基盤を培い」（中教審，平成19年）、「積極的にコミュニケーションを図ろうとする態度」を育成することとしている。

4. 「外国語科」へ教科化の経緯と今後の動向

1. 現行の小学校英語教育の現状

文部科学省の2014（平成26）年「小学校外国語活動実施状況調査」によると、5、6年生は7割以上が英語を好きと回答しているのにもかかわらず、その傾向が年々減少し、中学2年生になると、約5割にまで減少している。一方、小学校でもっと学習しておきたかったこととして、中1の8割近くが「英単語・英語の文を読むこと」、8割が「英単語・英語の文を書くこと」と回答している。これは小学校で読み書きを含めた言語活動への知的要求が高まっていることと同時に、中学校において音声から文字への移行が円滑に行われていないことの現れであり、英語教育の大きな課題として挙げられている。

小学校高学年は、抽象的な思考力が高まる段階である。しかし「外国語活動」では体系的な学習は行わないため「児童が学習内容に物足りなさを感じている状況」がみられている（文部科学省，2014）。一方で、高学年に「読むこと」「書くこと」を系統的に指導する教科型の外国語教育を導入した先進的な事例では、児童の外国語の表現力、理解力が深まる

とともに学習意欲の向上がみられたことが報告されていることから、教科として体系的に教育する可能性が議論された。

2.「外国語科」の目標と指導内容

　文部科学省は、2013（平成25）年12月に「グローバル化に対応した英語教育改革実施計画」を公表し、小学校における英語教育の拡充強化、中・高等学校における英語教育の高度化など、小・中・高等学校を通じた英語教育改革を掲げた。2014（平成26）年「グローバル化に対応した英語教育改革の五つの提言」では、小学校において「中学年から外国語活動を開始し、音声に慣れ親しませながらコミュニケーション能力の素地を養う。高学年では身近なことについて基本的な表現によって『聞く』『話す』に加え、積極的に『読む』『書く』の態度の育成を含めたコミュニケーション能力の基礎を養う」（平成26年9月26日）と、英語教育の目標と内容が示された。英語教育のあり方に関する有識者会議においても「高学年においては、中学年から中学校への学びの連続性を持たせながら、4技能を扱う言語活動を通して、より系統性を持たせた指導（教科型）を行う」ことと、改善の方向が示された（文科省有識者会議　平成26年2月～9月）。

　これらの経緯で、小学校5、6年生においてコミュニケーション能力の素地の育成をねらいとして2011（平成23）年に始まった「外国語活動」は、2020年に「外国語科」として週2コマ導入されることが正式に決定された。そして、これまでの体験的な「聞くこと」「話すこと」に加え、「読むこと」「書くこと」の4技能を扱う言語活動、文字や単語などの認識、文構造など英語の規則に関する気づき（語順の違いなど）を促す活動を行うことで、教科として体系的・系統的な指導を行い、中学校への学びの連続性をもたせるとしている（表11-2）。

3. 実 施 計 画

　現在文部科学省では、以下のような計画で教科化を進めている。教材に関しては、次期学習指導要領に対応した教材の開発・作成が2016（平成28）年度より始まっており、2017（平成29）年度に完成、次期学習指導要領が全面実施となる2020年度までの移行期間（2018

表 11-2 「外国語活動」と「外国語科」

	2011 ～ 2019	2020 ～
3、4年生	---	週1時間「外国語活動」（活動型） コミュニケーション能力の素地を養う
5、6年生	週1時間「外国語活動」（領域）	週2時間「外国語科」（教科型）
	音声中心。 体験的な活動として慣れ親しむ。	「聞く」「話す」「読む」「書く」の4技能を扱う。 系統的・体系的な学習。
	コミュニケーション能力の素地を養う。	コミュニケーション能力の基礎を養う。

〜2019 年度）で使用される。2020 年には教科書が配布される。

　また、教員研修に関しては、国による「英語教育推進リーダー」の養成研修が、そして「英語教育推進リーダー」を講師とした研修を受けた中核教員による校内研修（全小学校教員対象）が 2018（平成 30）年まで行われる。

表 11-3 グローバル化に対応した英語教育改革実施計画スケジュール（文科省, 2017 年より作成）

2014 年度 （26 年度）	2015 年度 （27 年度）	2016 年度 （28 年度）	2017 年度 （29 年度）	2018 年度 （30 年度）	2019 年度	2020 年度 東京オリ ンピック	2021 年度
<教員研修>小学校「英語教育推進リーダー」の養成研修／加配措置および小学校担任の英語指導力向上研修					県等が実施する研修を継続		
		<学習指導要領> 小学校学習指導要領改訂		小学校次期学習指導要領を段階的に先行実施		次期学習指導要領 小学校全面実施	
<教材> 補助教材 開発	あらたな補助教材配布・検証 次期学習指導要領対応教材の開発・作成			（中高学年）次期学習指導要領対応教材の配布		（中学年）補助教材の配布 （高学年）教科書の配布	

5. 教科化に向けての今後の課題

1. 教科内容について

　英語を教科とすることで、高学年において「読む」「書く」の指導がカリキュラムのなかに加わることとなった。「読み」「書き」は文字を含む指導であるが、文字指導というと、多くの教員が「書く」指導だと考える傾向がある（田中・河合, 2016）。「読む」活動内容もアルファベットの「名前読み」（ABC を /eɪ/, /biː/, /si/ と読むこと）を教えることと考えている教員が多く、文字の「音読み」（ABC を /æ/, /b/, /k/ と読むこと）をきちんと教えることなく、apple や bear を読ませ、なぞり書きなどを通して「書かせる」指導をしている。「読み」「書き」の基本は、アルファベットの正しい音読みの習得に始まることを理解しなければ、英語が実際に読めるようにはならない（田中, 2017）。アルファベットの音読みの指導の重要性を、大学等の教員養成および現場の教員向け研修において周知し、今後小学生に読み書きの指導ができる教員を養成していく必要がある。

　現行の学習指導要領には、「指導内容や活動については、児童の興味・関心にあったものとし、国語科、音楽科、図画工作科などの他教科等で児童が学習したことを活用するなどの工夫により、指導の効果を高めるようにする」とある。歌やゲームばかりでなく、他教科内容を活かし、知的好奇心をそそる英語指導を行えば、児童の英語学習意欲を高めることや、学習を強化することができる。また、思考を働かせ、児童間の対話的なやりとりを通して、協働して学ぶ活動を実践することが望ましい。今後英語教育においても、いわゆる「学力の 3 要素」といわれている 1）知識・技能、ならびに、2）思考力・判断力・

表現力を身につけ、3）主体性をもって多様な人々と協働して学ぶ態度（学校教育法第30条第2項）を育成していくことが重要である。

2. 教員養成について

　教員研修に関しては、先に述べた国の実施計画の他に、大学と教育委員会が共同で、あるいは大学、学会、民間が独自で行う「教員研修」や「指導者講習会」などがある。小学校外国語活動実施状況によると、小学校で行われている英語活動の主たる指導者は学級担任である。一方で、教員は自分の英語力や英語指導力に対して大きな不安をもっており、授業に対する自信をもてないでいる。それにもかかわらず、英語力や指導力を向上するための十分な研修が行われているとは言い難い。教科化を目前にして今必要な研修は、教員の英語力向上を目指すものであり、同時に、アルファベットの読み書きの指導法や、絵本の読み聞かせの技術を身につけ、授業で実践できる指導力を習得することを目的としたものである。研修の形態も、大勢の教員が一つのところに集まる集中型研修だけではなく、研修担当の教員が小学校を訪問する出張型の研修も取り入れて、個を対象にした身近で実践的な訓練を行うことが必要であろう。

（田中　真紀子）

【引 用 文 献】

Cristal, D. (2003). *English as a global language.* (2nd Ed.) CUP.
文部科学省（2001）. 小学校英語活動実践の手引き.
文部科学省（2003）.「英語が使える日本人」育成のための行動計画.
文部科学省（2006）. 小学校における英語教育の在り方に係る現状と課題.
文部科学省（2007）. 小学校英語活動実施状況調査.
文部科学省（2007）. 小学校英語教育の枠組みについて.
文部科学省（2013）.「グローバル化に対応した英語教育改革実施計画」について.
文部科学省（2014）. 平成26年度 小学校外国語活動実施状況調査の結果.
文部科学省（2014）. グローバル化に対応した英語教育改革の五つの提言.
文部科学省（2014）. 英語教育の在り方に関する有識者会議（平成26年2月〜9月）.
田中真紀子・河合裕美（2016）. 文字指導に対する小学校教員の意識 ―― 千葉県中核教員　研修後のアンケート結果から. JES Journal, 16, 163–178.
田中真紀子（2017）. 小学生に英語の読み書きをどう教えたらよいか. 研究社.

Chapter 12

「特別の教科　道徳」の 授業展開と評価

1. 「道徳の教科化」の背景と経緯

　2015（平成27）年3月、小学校学習指導要領が改正され、道徳は「特別の教科道徳」となった。教科書を使用した道徳授業が2018年より小学校で、2019年より中学校で全面実施される。本章では、教科化の背景や経緯を踏まえ、改正のポイントと今後の道徳科の授業のあり方とその評価について述べる。

　「道徳の教科化」は「大津・中2生徒いじめ自殺問題」（平成23年）がきっかけである。平成25年2月に教育再生実行会議より「いじめの問題等への対応について」（第一次提言）が出されたが、そのなかでも「（前略）道徳の教材を抜本的に充実するとともに、道徳の特性を踏まえた新たな枠組みにより教科化し、指導内容を充実し、効果的な指導方法を明確にする。（後略）」とあり、いじめ問題の対応をきっかけに「道徳の教科化」の動きが強まったことがわかる。

　その後、2014（平成26）年9月の中央教育審議会（以下、中教審）道徳部会でも同様に「道徳の教科化」の提言が盛り込まれ、同年10月「道徳に係る教育課程の改善等について」の答申を受け、今回の学習指導要領の改正（27年3月）となったのである。

2. 学習指導要領（道徳）の改正点

1. 教科書導入について

　教科になると「教科書」（これまでは「副読本」）を使用した道徳授業となる。平成29年3月、はじめての道徳教科書検定で30年度から小学校で使用する8社の教科書が合格した。この教科書導入については、学習指導要領改正案に寄せられた約6,000件の「パブリックコメント」のなかでも、「一定の価値観の押しつけにならないか」との意見が数多くあった。それに対して文部科学省は「道徳教育の本来の使命を鑑みれば、特定の価値観を押し付けたり主体性をもたずに言われるままに行動するよう指導したりすることは、道徳教育が目指す方向の対極にあるもの」として、改正では「多様な見方や考え方のできる事柄について、特定の見方や考え方に偏った指導を行うことがないようにすること」等と規定したと回答している。つまり、新しい道徳教育は、多様な見方や考え方ができるように、「答え

が一つではない（道徳的）課題」を考えたり、話しあったりする「考え、議論する道徳」へ「質的転換」を図ることを目指しているのである。

2. 道徳教育の目標と道徳科の目標

道徳教育の目標は新旧学習指導要領とも「道徳性の育成」であり、大きく変わってはいない。道徳性とは、道徳的判断力、道徳的心情、道徳的実践意欲と態度、としている点は本質的には変わっていないが、判断力と心情の順序が入れ変わっている（文部科学省, 2016）。

> 【道徳教育の目標】（以下原文。下線部＝筆者）
> 「道徳教育は、教育基本法及び学校教育法に定められた教育の根本精神に基づき、自己の（※人間としての）生き方を考え、主体的な判断の下に行動し、自立した人間として他者と共によりよく生きるための基盤となる道徳性を養うことを目標とする」（※＝中学校）
> （「小学校学習指導要領」文部科学省, 2015）

> 【道徳科の目標】（以下原文。下線部＝筆者）
> 「（前略）よりよく生きるための基盤となる道徳性を養うため、道徳的諸価値についての理解を基に、自己を見つめ、（※広い視野から）物事を多面的・多角的に考え、自己の（※人間としての）生き方についての考えを深める学習を通して、道徳的な判断力、道徳的心情、実践意欲や態度を育てる。」（※＝中学校）
> （「小学校学習指導要領」文部科学省, 2015）

今回の改正では、「道徳的実践力」という言葉が、小・中学校とも使用されていない。道徳的実践力は「道徳的判断力、道徳的心情、道徳的実践意欲と態度」であり、道徳性とほぼ同義として、「道徳性」に統一されている。あらたな表現として「物事を多面的・多角的に考え」が入っている。パブリックコメントへの回答（前述）にもあるように、一面的一方的な見方ではなく、さまざまな立場や角度から考える力を身につけることが自分の生き方を考える上で重要であることを示している。

3. 内容項目について

教科化に伴い、これまで以上に「系統性」を意識した内容項目の追加と統合（従来の項目を二つ以上併せたもの）が行われている。とくに、いじめ防止に対応して「個性の伸長」「相互理解・寛容」「公正・社会正義」等を系統的に配置しているのがわかる。また、内容項目を「相互理解・寛容」「よりよく生きる喜び」等のように「キーワード」で示しており、よりわかりやすいものになっている。追加された内容項目は低学年に多い（表12-1）。

表 12-1【新しく追加された内容項目】※（　　　）内は内容項目数

低学年（19 項目）「個性の伸長」「公正・公平・社会正義」「国際理解・国際親善」
中学年（20 項目）「相互理解・寛容」「公正・公平・社会正義」
高学年（22 項目）「よりよく生きる喜び」
中学校（22 項目）「よりよく生きる喜び」

3. 具体的な授業改善に向けて

1. 道徳授業改善の方向性

　道徳の教科化に伴い、道徳授業の改善も指摘されている。「小学校学習指導要領道徳（解説）」（文部科学省, 2015 年）には、「道徳科の指導」について、次のように記載されている（文部科学省, 2016）。

　（1）道徳科の特質を理解する。
　（2）教師と児童，児童相互の信頼関係を基盤におく。
　（3）児童の自覚を促す指導方法を工夫する。
　（4）児童の発達段階に応じた指導を工夫する。
　（5）問題解決的な学習，体験的な活動など多様な指導方法の工夫をする。
　（6）道徳教育推進教師を中心とした指導体制を充実する。

　とくに（5）問題解決的な学習、体験的な活動など多様な指導方法の工夫とは、どのようなものなのだろうか。
　「特別の教科　道徳の指導方法・評価等について（報告）」（平成 28 年 7 月 22 日　道徳教育に係る評価等の在り方に関する専門家会議）では、これまでの「型」どおりの指導から、指導の固定化・形骸化を指摘し、指導の「質的転換」を意識した以下の「質の高い多様な指導方法」を例示している（道徳教育に係る評価等の在り方に関する専門家会議, 2016）。

　（1）読み物教材の登場人物への自我関与が中心の学習
　（2）問題解決的な学習
　（3）道徳的行為に関する体験的な学習

　（1）は、登場人物の心情と自分とのかかわりについて、多面的多角的に考えることを通して、道徳的価値の自覚を深める指導方法である。登場人物に自分を投影し、その判断や

心情を考えるのである。これは従来の指導に改善を加えたもので、取り組みやすい方法である。

（2）は、児童生徒一人一人が、生きる上で出会うさまざまな諸問題や課題を主体的に解決するための資質・能力を養うことをねらいとしている。子どもたちが将来出会う（道徳的）「問題場面」で、どのように問題を捉え、どのようにして解決していくのか、そのプロセスを身につけることは、「よりよく生きる」ことにつながる。

（3）は、「役割演技」や実際に「道徳的行為」（たとえば、挨拶等の礼儀）を実施して考える方法である。それらの体験的な学習は道徳的な価値の理解を深める。

2. 多面的多角的な考え方ができる指導方法の工夫・改善

次に指導方法の工夫・改善について、著者が考える効果的な指導方法を簡単に紹介する。（紙幅の関係で簡単な紹介に留めることをご容赦いただきたい。）

（1）多面的多角的思考力を育てるウェビングの活用

他の教科でも活用されている「ウェビング」（マッピング・図で考える方法）を活用して、主人公の思いや、問題場面に対して多角的多面的に考える方法である。短い言葉で多角的に自分の考えを書きやすく、思考プロセスがわかりやすいのが特徴である。また「自己評価」の資料となることや実生活で応用できることもその長所である。（図12-1参照）今後は、問題解決的な学習の思考場面での活用も期待できる（松田, 2009）。

「ウェビングを活用した板書」や「ウェビングでワークシートを記入する授業」を定期的に実施すると、多面的、対比的思考力が育ち、「内面形成」の「思いやり」の数値が高まったとする研究（松田, 2009）がある。さらに、「別の授業でもウェビングをしながら思考していた子がいた」という（松田, 2009）。このように、自分の思考ツールの一つとして他の授業にも活用することが、現実の社会で直面する課題解決に大いに役立つだろう。

（2）問題解決的な道徳学習

問題解決的な道徳学習とは、「児童生徒が資料から主体的に道徳的問題を捉え、資料における問題場面においてよりよい行動を模索し、その行動の原動力となる価値を判断する

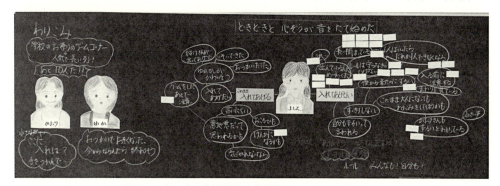

図 12-1　ウェビングを活用した板書例（「わりこみ」の板書より）

3. 具体的な授業改善に向けて

ことで解決方法を考える学習方法」である（森, 2015）。

柳沼（2006）は、問題解決型の道徳授業として、「導入で道徳的問題を提起し、展開前段で資料を用いて問題を解決し、展開後段で問題解決の知恵やスキルを応用し、終末で結論をまとめる」基本的な指導過程を示している。互いに尊重し協力しあって道徳的に最善の代替案（win-win 型の解決策）を考えるのが特徴であろう（柳沼, 2006）。

これらの指導方法を従来の指導に加えて、発達段階や実態に合わせて活用したい。

3. 体験的な学習に効果的な「役割演技」

体験的な学習例として、役割演技がある。問題場面で、児童生徒が登場人物になりきって即興的に演じることで、より深い気づきや学びがある手法である。役割演技は、基本的に、演者（演技をする児童生徒）・観客（演技をみている児童生徒）・監督（教師）に分かれて実施する。監督は、雰囲気を和らげたあと、状況設定をし、役割演技をサポートする。そして、演技後に観衆から、積極的に質問や意見を聴くのがポイントである。自分と重ねて主体的に考えられるよさがある。

実施にあたっては、その手順と留意点を教師が理解した上で進める必要がある。

4. 指導方法改善の落とし穴：ねらいを忘れずに

前述の「指導方法の工夫・改善」で示したものはあくまでも「例」である。児童生徒の発達段階や教材に適した効果的な指導方法があれば、活用するとよいだろう。しかし、「ねらい」を達成するために相応しい教材なのか、指導方法なのかを検討する必要がある。なかには、目的が「指導方法」なってしまい、本来のねらいがぼやけてしまう授業を眼にすることがある。たとえば、「考え、議論する道徳」として、グループワークをさせているが、それぞれがワークシートに書いた考えをただ発表して終わりという授業である。主体的・対話的で深い学びにはなっていない。何のために、この教材を活用するのか、何のためにこの指導方法を実施するのか、ぜひ吟味して活用していただきたい。

授業はねらいを達成するためのものであり、道徳性の育成を目指したものである。

5. 若年経験者の道徳授業の躓き傾向

現在、若年経験者教員が増加しており，「特別の教科」となる道徳の授業力向上は，喫緊の課題である。松田・土田（2016）は、A市における若年経験者教員（経験年数 6 年目まで）の道徳授業分析を行い、授業の躓きを「七つの躓き傾向」に整理した。

①指導案通りに流そうとする（形式的。発問が羅列的）。

②子どもの意見を拾えない（つっこむこと，問い返しができない）。

③「ねらい」の意識が弱い（何を目指した授業なのか，ねらいへの意識が希薄）。

④子ども同士の意見の交流が少ない（教師と子どものやりとり中心）。

⑤導入が長く，中心発問や終末の時間がなくなる（頭でっかち尻つぼみ）。

⑥教師の話が長い（説明しすぎ）。

⑦ワークシートに書かせすぎる（「書かせて発表」の繰り返し傾向あり）。

これらの躓き傾向を踏まえて、サポートをする必要がある。

さらに、指導学年による違いもみられ、小学校低学年や中学校では⑥の傾向が顕著であった。児童生徒の発達段階との関連があることがわかる。

この「七つの躓き」は他教科にも共通する授業改善のポイントである。授業者がねらいを意識し、指導方法の改善と教材の検討やモデルとなる授業の参観等を積み重ねるとよい。また、ＩＣＴの活用や事前模擬授業の実施等，授業協議会の改善を図る必要があるだろう。

6. 郷土資料や視聴覚教材の計画的活用を

教科書導入で、「郷土資料」や「視聴覚教材」は使用できなくなるのだろうか。それは、使用可能である。各自治体が開発した読み物教材や視聴覚教材を教科書と併用しながら、年間計画に位置づけ、計画的に活用することができる。

とくに視聴覚教材は子どもたちを引きつけ、多くの情報から子どもたちの心と思考に訴える力がある。そこで、おすすめなのが、「Ｅテレ」（NHK）の活用である。インターネットでも視聴でき、「NHK for School」のホームページには指導案やワークシート、場面の写真等があり、ダウンロードして手軽に活用できる。高学年以上向けの番組「ココロ部！」「オン・マイ・ウェイ」は10分に改編され、話しあいの時間をより多くとることができるようになった。内容や番組構成も興味深い。「ココロ部！」は、すべて、葛藤場面で番組が終わっており、答えは自分たちで考えなくてはならない。まさに「問題解決的」教材である。「オン・マイ・ウェイ」は、冒頭にテーマが提示され、その解決に繋がる主人公の生き方を紹介するドキュメンタリー番組である。「弱い自分に打ち勝つには？」等の課題が示されており、自分の生き方を考えることにつながる。

その他、発達段階に応じた道徳関連番組やいじめを考える番組もある。教師は事前に視聴し、多様な指導教材の一つと捉え、計画的に活用したい。

4. 道徳科の評価について

1. 道徳科における評価の意義と基本的考え方

改正された小学校学習指導要領には「児童（生徒）の学習状況や道徳性に係る成長の様子を継続的に把握し、指導に生かすように務める必要がある。ただし、数値による評価は行わないものとする」とある。道徳科の評価の具体的なあり方は次の通りである。

> ・数値による評価ではなく，記述式であること。
> ・相対評価ではなく，児童生徒の成長を積極的に受け止め，励ます個人内評価であること。
> ・個々の内容項目ごとではなく，大くくりなまとまりを踏まえた評価であること。
> ・発達障害等の児童についての配慮すべき観点等を教員間で共有すること。

記述式、個人内評価、大くくりのまとまりでの評価であることは理解できる。では、具体的にどのようにして、その評価を進めていけはよいのだろうか。

「特別の教科　道徳の指導方法・評価等について（報告）」（前掲）によると、道徳科における評価の基本的考え方について次のように示されている。「児童生徒の側から見れば、自らの成長を実感し、意欲の向上につなげていくものであり、教師の側からみれば、教師が目標や計画、指導法の改善・充実に取り組むための資料」とし、「児童生徒」と「教師」の二つの視点があることを明記している。さらに、学習指導要領を受けて、「記述式」「大くくりなまとまりを踏まえた評価」「励ます個人内評価」であることを確認している。

同報告では、評価の方向性についても触れている。「指導要録においては当面、一人一人の児童生徒の学習状況や道徳性に係る成長の様子について、発言や会話、作文・感想文やノート等を通じて、他者の考え方や議論に触れ、現実的に思考する中で、一面的な見方から多面的・多角的な見方へと発展しているか。」「多面的・多角的な思考の中で、道徳的価値の理解を自分とのかかわりの中で深めているか」といった点に注目して見取り、とくに顕著と認められる具体的な状況を記述するとしている。さらに、評価にあたって、その見取りをするための手立てとして「児童生徒が一年間書きためた感想文をファイルしたり、35 時間の授業という長い期間で見取ったりする等工夫が必要」としている。それは、道徳性の変容や多面的多角的思考力が身についたかどうかは、1 回ごとの授業で変容を見取るのは困難であることによる。

また、「調査書には記載せず、入学選抜者の合否判定に活用することがないようにする」と明記し、各教科の評定や出欠の記録とは、基本的に性格が異なるものであることから、「合否判定への活用はしない」ことを強調している。併せて発達障害等のある児童生徒への配慮として「指導生徒が抱える学習上の困難さの状況等を踏まえた指導及び評価上の配慮が必要」としている。

2. 評価の方法について

より良い個人内評価をするためには、児童生徒の実態と変化を知る必要がある。その方法として、ワークシートやノートに振り返りや感想を記しておき、それらをファイリングして評価の材料とする「ポートフォリオ評価」や問題場面をパフォーマンス課題と設定して評価する「パフォーマンス評価」、児童生徒自身の「自己評価を活用した評価」、さまざまな場面における見取りを蓄積した「エピソード評価」等が挙げられている。

私見ではあるが、自分の生き方を考える道徳科の目標から鑑みると、児童生徒自身の「自己評価」は重視しなくてはならないと考える。すなわち、自分を見つめ、振り返る時間が今後さらに重要であり、自己評価力を磨くとともに、その材料（学び・成長のポートフォリオ等）を提供することが必要になる。

5. 道徳科の全面実施にあたって

道徳科のスタート時には、やはり「校長の強いリーダーシップ」「教員の意識改革及び研修」「家庭・地域との連携の推進」も重要である。道徳教育の目標を明確にし、教職員だけでなく、保護者や地域の方々の理解と協力を得て推進したい。校長のリーダーシップのもと、教員の意識と授業が変わり、家庭・地域の理解と協力があれば、子どもは変わる。

しかし、もっとも大切なことは「教員がお互いに議論すること」である。今後、どうしたら良い授業ができるかをお互いに話し合ったり、情報交換をしたりするとよい。その議論やあらたなものを学ぶ姿勢が子どもたちにも伝わる。

同時に、学級経営にも力を注ぐ必要がある。教員と児童生徒、児童生徒同士の信頼関係がなくては、「考え、議論する道徳」への質的転換はできない。お互いの話を聴きあい、高め合い、それぞれが居場所と感じられる学級経営こそ、道徳の教科化で「あたりまえだけど大切なこと」なのである。

（土田　雄一・松田　憲子）

【引 用 文 献】

道徳教育に係る評価等の在り方に関する専門家会議（2016）. 特別の教科　道徳の指導方法・評価等について（報告）.

松田憲子（2009）. 道徳授業におけるウェビングを活用した「自己の明確化」の試み. 千葉大学教育学研究科修士論文.

松田憲子・土田雄一（2016）. 道徳授業における若年経験者教員の躓き傾向. 千葉大学教育実践研究, 19.

文部科学省（2016）. 小学校学習指導要領解説　特別の教科　道徳編.

森美香（2015）. 道徳の時間における問題解決的な学習の在り方. 平成26年度千葉市長期研修生研究報告書.

柳沼良太（2006）. 問題解決型の道徳授業〜プラグマティック・アプローチ. 明治図書.

Chapter **13**

情報社会の変化と情報モラル教育

1. 指数関数的に進む社会の情報化

　情報社会の進展により、社会のなかで流通する情報の量は指数関数的に拡大を続けている。

　20世紀後半、コンピュータの技術が進むにつれ、私たちが扱う情報は、アナログから
デジタルへと移行している。わかりやすい例は、音楽の記録方法がアナログレコードから
CD（コンパクト・ディスク）へと移行したことである。音楽すなわち音声は空気を伝わる波
であり、アナログレコードはこの波をレコード盤の溝として記録し、レコードプレイヤー
で再び空気を伝わる波へと戻す仕組みであった。1980年代に実用化され一気に普及した
CDは、空気の波を非常に細かく整数値に置き換えてその数値をディスクに記録し、CD
プレイヤーによって再び空気を伝わる波へと戻す仕組みである。

　アナログ情報は正確にコピーすることが難しく、コピーを重ねると劣化してしまうもの
であった。これに対してデジタル情報は整数値として表されるものであるので、コピーを
重ねても基本的に劣化しない。コンピュータの処理能力や通信能力が向上するとともに、
デジタルデータを加工したり記録したり送信したりすることは容易になり、今や音楽はイ
ンターネットを通して送受信されるものとなり、スマートフォンやもっと小型の端末で録
音や再生ができるようになっている。

　もちろん、こうしたことは音楽だけにか
ぎったことではない。文字や数値の情報は
デジタル化され、コンピュータに記録され
たりインターネットを通して送受信された
りしている。インターネット上で公開され
ているサイトに載せられている文字列は、
Google等の検索サイトを使えば一瞬で検
索される。写真や動画もデジタル情報とし
て扱われるようになっており、記録にはフ
ィルムやテープでなくメモリカードやハー
ドディスクといったデジタル機器が使われ
るようになり、インターネット上のサイト
で公開されたり、インターネット上のサー
ビスによって送受信されたりしている。

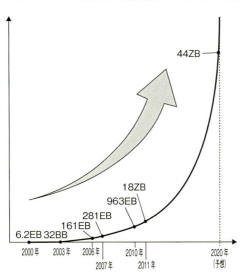

図13-1　世界で流通している情報量の変化
（総務省『平成27年版情報通信白書』より作成。なお、単位
のEB（エクサバイト）は約100京バイト、ZB（ゼタバイト）
は約10垓バイト。）

新聞やテレビでは発信者側にまわれる人は限られていたが、インターネットにはホームページ、ブログ、SNS（ソーシャル・ネットワーキング・サービス）、動画投稿サイト等、一般の利用者が発信者となるサービス（一般消費者が創造するメディアという意味で、Consumer Generated Media、略称CGMと呼ばれる）があふれている。さらに最近では、自動車、スマートフォンやスマートウォッチ（通信機能等をもつ腕時計で、装着している人の歩数や脈拍等を自動で計測するものが多い）、工業用機械等にセンサーや通信装置がつけられて自動的にデータを収集し、インターネットを使って他の場所に情報を送るIoT（Internet of Thingsすなわち「モノのインターネット」）の技術も注目されている。

　以上のように、いわば「情報が情報を産む」状況が生じており、世界の情報流通量は指数関数的に増加している（図13-1）。

2. 日本における「ガラパゴス」型の情報化

　こうした情報社会の進展は、子どもたちの生活を大きく変えてきた。とくに日本では、「ガラパゴス」的ともいえる状況が続いてきた。

　「ガラパゴス」とはエクアドル沖の諸島であり、生物が独特の進化をしてきた場所として知られている。このことから、何かが独特の進化を遂げている場合に「ガラパゴス」と呼ばれることが多い。日本では、スマートフォン普及以前に主流だった従来型の多機能携帯電話（総務省などの用語では「フィーチャーフォン」）が「ガラパゴス・ケータイ」略して「ガラケー」と呼ばれることがあるが、まさにこの名称に見られるように日本における情報通信端末の進化には独特のものがある。すなわち、とくに若い世代においてパソコンより先に携帯電話でのインターネット利用が広がったため、中高生などがパソコンでなく携帯電話を日常のインターネット利用で用いるようになり、携帯電話での利用を想定したサービスが多く現れ、若い世代で使われるようになった。携帯電話用に作られた小さい画面のウェブサイトの利用、カメラ付き携帯電話で写真を撮影してメール添付で送る「写メール」、「着うた」等の音楽を聴く、テレビのワンセグ放送を見るといった日本独自の使われ方が広がった。こうしたなかで、2007年頃から、利用者がプロフィールを掲載して交流する「プロフィール・サイト」（略称「プロフ」）、特定の学校の話題について交流するいわゆる学校裏サイト、他のプレイヤーとゆるやかにつながりながら遊べるソーシャル・ゲーム等のサービスが、中高生等に広がっていった。そしてそのなかで、長時間利用、ネットいじめ、児童買春や淫行の被害、高額課金やワンクリック詐欺といった問題が深刻なものとなっていった。

　こうした問題への対応も、日本独自の方法で進められてきた。具体的には、有害と考えられるサービスへのアクセスをブロックするフィルタリング・サービスを携帯電話が基本的に無償で提供し、携帯電話事業者やサイト運営事業者がいくつかの団体を作る等して互

いに協力し、利用者同士が直接会うことを禁止し、問題ある投稿を削除したり悪質な利用者を退会させたりする措置をとった。さらに、青少年インターネット環境整備法という法律が議員立法によって作られ、携帯電話事業者には18歳未満の利用者に対して保護者が辞退しないかぎりフィルタリング・サービスを提供することを義務づける等、青少年をトラブルから守る仕組みが作られてきた。学校教育でも学習指導要領に情報モラル教育が位置づけられ、携帯電話の利用に関して子どもたちが学ぶ機会が設けられるようになった。

このように、2012年頃まで、若い世代のネット利用については日本では独特の状況が生じていた。

3. スマートフォンの普及と「平成25年問題」

日本では、2013（平成25）年を中心とした数年の間に、若い世代にスマートフォンが急激に普及した（図13-2）。

スマートフォンとは、パソコンが小型化し電話機能がついたものだといえる。従来型の携帯電話との大きな違いは、アプリ（アプリケーション・ソフトの略で、基本ソフトの上で動いて特定の機能を担うソフトウェアのこと）を利用者が自由に入れて使えることだ。従来型の携帯電話にもアプリはあったが、限定されていた。しかし、スマートフォンでは、膨大な種類のアプリがアプリマーケットからダウンロードできるようになっている。

スマートフォンの普及は、ガラパゴス化していた日本の若者のネット事情を一変させた。Twitter、Facebook、YouTubeといった世界中で広がっているサービスを使う者が増え、さらにはLINE、Instagram、各種ゲームといったスマートフォンならではのサービスが人気を獲得していった。この結果、ネット利用の長時間化、ネットいじめの深刻化、児童買春や児童ポルノ等の犯罪の認知件数の増加といった一連の問題（言わば「平成25年問題」）が生じるに至った。この「平成25年問題」の代表は、以下の三つの問題である。

第一の問題は、ネット利用の長時間化だ。内閣府の「青少年のインターネット利用環境

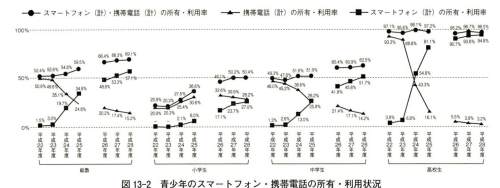

図13-2　青少年のスマートフォン・携帯電話の所有・利用状況
（内閣府「平成28年度 青少年のインターネット利用環境実態調査」、調査対象者は10歳以上）

表 13-1　10 〜 17 歳の青少年の携帯電話・スマートフォンを通じたインターネット利用時間 (経年比較)

	平　成 21 年度	平　成 22 年度	平　成 23 年度	平　成 24 年度	平　成 25 年度	平　成 26 年度	平　成 27 年度	平　成 28 年度
２時間 以　上 利用者	27.8%	20.3%	24.2%	35.1%	39.8%	56.0%	56.0%	60.7%
平均利 用時間	77.5 分	71.0 分	81.3 分	97.1 分	107.4 分	140.7 分	136.0 分	145.8 分

(内閣府「青少年のインターネット利用環境実態調査」より作成。平成21〜25年度は携帯電話・スマートフォンの利用、平成26〜28年度はスマートフォンのみの利用が対象。いずれも該当する端末を所有し、インターネットを利用するとしている者のなかでの集計。)

実態調査」によれば、10 歳から 17 歳のスマートフォン普及後のネット利用時間は従来型携帯電話時代の約 2 倍となっている (表 13-1)。ネット利用時間が長ければ、学習や運動、睡眠、家族とのコミュニケーションといった時間が減ることが考えられ、ネットから離れられずに生活に支障が生じる「ネット依存」に陥る危険が高くなる。もちろん将来の仕事や学業につなげようとするため等の明確な目的をもってネットを利用している者もいるだろうが、多くの場合、娯楽あるいはとくに目的のない友人とのコミュニケーションのためにネット利用をしていると考えられる。そのようにして陥るネットの長時間利用が、子どもたちの生活の質全般に悪影響を与えている可能性がある。子どもたちが適切に時間を管理できるようになることが重要だと考えられる。

　第二の問題は、ネットいじめの深刻化だ。スマートフォンの普及はコミュニケーションアプリである LINE の普及をもたらし、スマートフォンを利用する多くの者が日常的に 3 人以上のグループでチャットをする状況が生じた。日常的にグループで文字を中心としたやりとりをするなかで、誰かの噂話や悪口が流されたり、誰かを無視したりからかったりすることが起こりやすくなっている。LINE 等によるグループチャット以外にも、写真や動画の撮影がしやすくなっていることから、恥ずかしい写真や動画を撮影して拡散することも行われやすくなった。いじめの認知件数に占めるネットいじめの割合は、中学生および高校生について平成 25 年度以降、高水準が続いており (図 13-3)、いじめ防止対策の一環としてネットいじめの防止対策が求められる。

　第三の問題は、児童買春、児童ポルノ等の「福祉犯」と呼ばれる犯罪の認知件数の増加だ。この種の犯罪にはネットが使われがちであるが、出会い系サイトの規制が進むと出会い系以外のサイト (警察庁の資料では「コミュニティサイト」) に被害が移り、コミュニティサイトのなかでも国内の大手サイトで対策が進むと LINE 等の ID を交換するいわゆる「ID 交換掲示板」等に被害が移り、ID 交換掲示板でも対策が進むと、対策が厳しくない Twitter 等のサービスや位置情報を使って近くにいる人とコミュニケーションがとれるチャットアプリ等に被害が移るというように推移してきた。スマートフォンの普及以降は対策が後追いになりがちで、平成 25 年以降は毎年、過去最悪が更新されている (図 13-4)。フィ

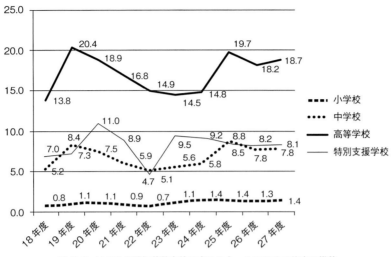

図13-3 いじめの認知件数全体に占めるネットいじめの比率の推移
（文部科学省「児童生徒の問題行動等生徒指導上の諸問題に関する調査」より作成。単位％）

ルタリング・サービスに加入すればこうした犯罪の被害は防ぎやすくなるが、スマートフォン用のフィルタリング・サービスは複雑である上に、標準のサービスでは Twitter、Facebook、Instagram といった人気サービスが使えなくなることから子どもたちに敬遠されてしまい、フィルタリング・サービスの利用率は低迷し、犯罪抑止のためにうまく機能しているとは言いがたい。

　以上のように、スマートフォンが普及した2013（平成25）年以降、青少年のネット利用に関わる問題は急激に深刻化しており、その後も改善は見られない。世界共通のスマートフォンが一気に普及したことで、従来の枠組みでの対策が追いつかず、いわば、日本独自の青少年のネット利用環境の生態系が機能しなくなりつつある。

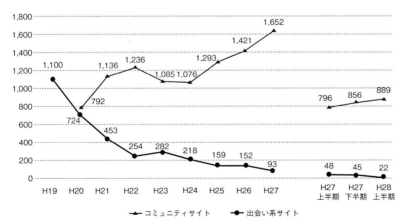

図13-4 コミュニティサイト及び出会い系サイトに起因する事犯の被害者数の推移
（警察庁「平成28年上半期におけるコミュニティサイト等に起因する事犯の現状と対策について」）

Chapter 13　情報社会の変化と情報モラル教育

4. 情報モラル教育の課題

　こうした状況を踏まえると、青少年が賢く適切にネット利用をできるようにするための教育の重要性はますます高くなっているといえる。

　2008年・2009年告示の学習指導要領では、小学校、中学校、高等学校とも総則において情報モラル教育の推進が記され、小学校および中学校においては道徳の時間に情報モラルの指導に留意すべきことも記されている。2016年2月にパブリックコメントに付された小学校および中学校の学習指導要領改訂案においても、情報モラルについて同様の記載が見られる。また、2013年に施行されたいじめ防止対策推進法においては、学校やその設置者はネットいじめ防止のために必要な啓発活動を行うべきことが定められている。こうしたことを踏まえれば、各学校はネットをめぐる問題を防止するために情報モラル教育を行うことが法的に義務づけられているといえる。

　だが、情報モラル教育を適切に進めるためには、課題がある。それは、扱われるべき内容が次々と変化するため、最新の状況をもとに教員が指導することが困難だということである。教師が最新の教材を自ら確保して授業を行う、ネットの状況に詳しい人をゲストに招いて授業をしてもらう等の努力が必要となっている。学校が主体的に情報モラル教育を実施するのでなく、携帯電話事業者、サイト等運営事業者、警察、NPO、学生団体等による出前授業を受け入れるのが精一杯だという学校が多いと考えられる。

　情報モラル教育を実施する際には、いくつか留意すべき点がある。教員が自ら授業を行う場合にも外部の組織による出前授業を受け入れる場合にも、以下の点に留意する必要があろう。

　第一に、子どもたちの経験の多様さに配慮する必要がある。私生活におけるネット利用のあり方は多様であり、まったくネットを使わない者もいれば毎日5時間以上利用している者もおり、使う用途にも個人差がある。このため、ネットで生じる問題を扱う際には、同様の経験がない者に十分理解できる描写が必要である。この意味で、状況を言葉だけで描写するのには多くの場合、無理があり、写真や動画の活用が求められる場合が多い。

　第二に、「長時間利用はいけない」「いじめはいけない」「犯罪には気をつけよう」といった結論について多くの子どもたちは授業をしなくても知っていると考えられるので、一定の結論を伝えようとするだけの授業にはあまり意味がない。判断に迷う状況について考えさせたり、問題ある利用例を見せて問題を指摘させたりと、具体的な状況のなかで判断を求めるような授業を行うことが求められる。端的に述べれば、受け身の学習で終わらせるのでなく、子どもたちが自ら悩み、考え、意思決定する授業を行う必要がある。

　第三に、ステレオタイプ（紋切り型）の考え方に陥らないようにする必要がある。たとえば、ネットでのコミュニケーションは文字中心だから気持ちを伝えにくいといわれることが多いが、子どもたちのなかには対面では気持ちが伝えにくく、文字の方が気持ちを伝

えやすい者もいる。あるいは、娯楽でネットを使っているのでなく、自分の夢を実現させるために多くの人とのつながりをつくろうとしてネットを活用している者もいる。当然ながら情報社会にはデメリットだけでなく多くのメリットがあるのだが、ステレオタイプの考え方に陥るとメリットを享受している者が視界に入らなくなる恐れがある。

　今後、情報社会化はさらに加速し、人工知能やロボットが私たちの日常生活のなかに入ってくるはずである。職業をめぐる状況は大きく変化し、今はまだない職業に将来就く子どもは多いと考えられる。教員はこうした社会の変化を意識し、子どもたちがネット利用に関する問題に対応する力をつけ、さらにはネット社会のメリットを適切に享受して進路選択ができるよう、指導していく必要がある。

（藤川　大祐）

・・・・・・・・・・・ 【コラム5】読書教育の推進 ・・・・・・・・・・・

　新学習指導要領では、「主体的・対話的で深い学び」が求められている。読書は、読む本を自ら選び意図的に関わり、その面白さを他者と共有することで楽しみが倍増する活動である。著者の思想や知恵を学び、自己内対話を促し、深い理解に至るという深い学びを保障する活動であるともいえる。また知らない単語でも文脈から推測してその語の意味を捉えるなどして語彙力を増やすこともできる。実際に、2017（平成29）年1月に文部科学省委託研究として、小学校4、5年生、中学校1、2年生、高等学校1、2年生合計約15,861人、299校を対象として、筆者らが実施した調査からは、読書冊数と論理的思考力や意欲・関心等に正の関連性があることが明らかになってきている（㈱浜銀総合研究所「子どもの読書活動の推進等に関する調査研究報告書」平成28年度文部科学省委託調査　平成29年3月刊行）。つまり、読書は人間性や学びに向かう力にも直結する活動である。こうしたこれからの時代に必要な資質育成のためにも、読書教育の推進が大事である。

　この調査からは読書行動の個人差と同時に、学校での読書教育の推進の違いによって子どもたちの読書冊数等に違いがあることが明らかになった。図1は学校図書館充実度と読書冊数の関係である。また学校司書がいるかいないかでも小中学校では違いがみられた。学校図書館の充実と利活用は読書教育の推進に大きな役割を担っている。

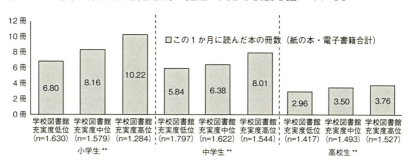

図1　学校図書館の充実度合と読書冊数（平均値）

　本を読まない理由として、小学生では「どの本が面白いのかがわからない」「文字を読むのが苦手」、中学生では「面倒」「必要性を感じない」など読書習慣が育っていないことが不読につながっている。一方で、小学生の時によく読書していた生徒は、中学生になってもよく読んでいることも示されている。そして、読書するきっかけとして、小学生では家族・家庭環境の影響と学校での朝の読書などの取り組み、高校生ではメディアでの本の宣伝・広告等の影響が選択率として一番高かった。小中高校生ともに3割以上が、友だちとのやりとりを選んでいた。つまり、友だちのおすすめ本や友だちとの本に関する会話の機会を学校で設定することが、読書推進に影響を与えることが示唆される。読みたい本と出会うための大人からの働きかけと同時に、子ども同士で本について紹介しあう活動として読書郵便や、ビブリオトーク、本の帯や書評などの取り組みや、読みたくなる本が手に取りやすい環境設定の工夫が推進につながる。生涯にわたる学びの方法を児童生徒の時代に培いたい。

（秋田　喜代美）

Chapter 14

教育相談の哲学

1. 教育相談とは何か

1. 教育相談の歴史、定義

日本における教育相談の萌芽は大正時代まで遡れるが、学校における教育相談は、1965（昭和40）年に、当時の文部省から発行された「生徒指導の手びき」（第1集）において、生徒指導を推進するための個別指導の方法としてはじめて位置づけられた。しかし、この「生徒指導の手びき」における教育相談とは、対象が「反社会的な行動や非社会的な行動を起こした子ども」のみであり、今日の教育相談とは異なるものであった。

その後、「中学校におけるカウンセリングの進め方」（文部省, 1972）、「生徒指導の手引き（改訂版）」（文部省, 1981）、「学校における教育相談の考え方・進め方」（文部省, 1990）などにおいて、教師による、学校での効果的な教育相談の方向性が示され、徐々に今日の教育相談の原型が形作られてきた。

その後、不登校やいじめなど、教師だけでは解決が難しい問題が山積したことを受け、1995年より、文部省はスクールカウンセラー活用調査研究委託事業として、外部の専門家である臨床心理士や精神科医などをスクールカウンセラーとして学校現場に配置した。この事業は年々拡大され、今日に至っている。このような変遷を経て、現在では、教師だけでなく、スクールカウンセラー、スクールソーシャルワーカー、教育相談員など、さまざまな専門家も学校内外で教育相談を行っている。

2. 教育相談の定義

ここまで教育相談の歴史を概観してきたが、教育相談とはどのような活動を指すのか、誰が担うのか、どこで行うのか、といった点は未だ定まっていない。そして法令上でも教育相談の位置づけははっきりしない。

教育相談の定義について、1981年の「生徒指導の手引き（改訂版）」においては、「一人一人の子どもの教育上の諸問題について、本人又はその親、教師などに、その望ましいあり方について助言指導することを意味する。言い換えれば、個人のもつ悩みや困難の解決を援助することによって、その生活によく適応させ、人格の成長への援助を図ろうとするもの」とされた。また、2010年の「生徒指導提要」では、「児童生徒それぞれの発達に即して、好ましい人間関係を育て、生活によく適応させ、自己理解を深めさせ、人格の成長

への援助を図るもの」とされている。このように、現在では、教育相談の対象は、何らか
の問題を抱えた幼児児童生徒だけではなく、とくに問題を抱えていない幼児児童生徒も含
まれ、目的も問題解決を図るだけでなく、不適応の予防や精神的健康の増進なども含まれ
ると考えるのが一般的になっている。

3. 生徒指導と教育相談

　羽間（2003）は、教育相談と生徒指導を別のものとして捉える学校風土の存在を指摘し
ている。実際、生徒指導提要においても、生徒指導と教育相談は異なる概念であるかのよ
うに記述されている。
　しかし、生徒指導と教育相談は異なるものではない。福田・名島（2011）が指摘するよ
うに、生徒指導も教育相談も、集団にも、個別にも焦点を当て、幼児児童生徒に働きかけ
を行う活動である（表14-1）。生徒指導が個よりも集団を重視し、教育相談が集団よりも個
を重視する傾向はあるが、幼児児童生徒の生きる力を育てるという目的も同じであり、嶋
﨑（2001）の指摘するように、重複した概念、活動であるといえる。

表14-1　生徒指導と教育相談についてのわれわれの考え（福田・名島　2011）

	生 徒 指 導	教 育 相 談
働きかけの対象	個にも焦点を当てるが、より集団を重視する。	集団にも焦点を当てるが、より個を重視する。
目　　　的	①問題行動に対する指導。 ②学校・学級の集団全体の安全を守るための管理や指導。 ③児童生徒の自己統制力の育成。	①児童生徒に問題行動を自分の課題として受け止めさせ、問題がどこにあるのか、今後どのように行動すべきかを主体的に考えさせ、行動につなげるようにする。 ②児童生徒の自立を促すような支援。

2.　教育相談は何のために：C. R. Rogers の受容と共感を巡って

1.　受容と共感とは

　教育相談に関する誤解の一つに「教育相談は子どもを甘やかす。受容・共感は子どもを
わがままにする」というものがある。また「教育相談とは受容・共感することだ」という
考えもよく耳にする。浜田市教育センター（2009）によると、現職の教員のもつ教育相談
のイメージは、受容・共感がほとんどであるという。
　では、受容・共感とはどのようなことを指すのだろうか。日本で受容・共感と訳されて
いるものは、そもそもアメリカの心理学者ロジャース（C. R. Rogers）が1957年に発表した
論文「セラピーにおけるパーソナリティ変化の必要にして十分な条件」に示されたもので
ある。なおパーソナリティ変化とは、自己概念と経験がより一致することを指している（図

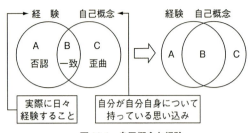

経験　自己概念　　　経験　自己概念

A　B　C　　　A　B　C
否認　一致　歪曲

実際に日々　自分が自分自身について
経験すること　持っている思い込み

図 14-1　自己概念と経験

14-1)。

この論文で、受容は "Unconditional Positive Regard" と表記されており、直訳すれば無条件の肯定的配慮となる。ロジャースはこれを選択的評価の態度とは反対の極にあるものとし、ポジティブな感情に対しても、ネガティブな感情に対しても温かな受容を経験することが、クライエントの変化にとって重要であると主張している。これを教育相談に当てはめれば、幼児児童生徒が、教師らから、どんな感情でも、無条件に受容されると、幼児児童生徒に何らかの変化が生じるということになる。

また共感は、この論文では "empathy understanding" と表記されており、共感的に理解することを意味している。共感は、クライエントの怒り、恐れ、混乱を、あたかも自分自身のものとして感じつつも、自分自身の怒り、恐れ、混乱をそこに関与させることがないこと、と説明され、クライエントが体験していることについてのクライエントの気づき、それについての正確な理解、共感的な理解をセラピストも体験することが、クライエントの変化にとって重要であると主張している。これを教育相談に当てはめれば、幼児児童生徒が、自分自身の考えていること、感じていることなどに気づき、教師らも、幼児児童生徒の気づきをあたかも自分自身のことのように感じ、理解すると、幼児児童生徒に何らかの変化が生じるということになる。

2. 何のための受容、共感か

以上、ロジャースのいう受容、共感について説明してきたが、どうして前述したような誤解が生じるのだろうか。この問いへの一つの答えとして、教師は問題行動の表層的な部分にのみ目が向きがちで、受容・共感のような対応をしても、すぐに問題行動が改善されず、受容・共感的な対応は効果がないと判断してしまう可能性が挙げられる。しかし、河合（2005）にあるように、「子どもたちは微妙に感じとる」存在である。教師が真に受容・共感しながら関わることが、子どもたちにポジティブな影響を与えるのである。よって、受容・共感は、幼児児童生徒に向きあうために誰もがもっていなくてはならない姿勢であることを理解しておく必要がある。

また、教育センターなどで実施される教育相談の研修は受容・共感・積極的傾聴などの内容で構成されることが多く、受容や共感は手段であるにもかかわらず、それが目的と勘違いされてしまっている可能性もある。ロジャースの説明にもあるように、受容や共感はパーソナリティが変化するための手段である。決して目的ではない。受容すること、共感することが教育相談の目的となってしまうと、教育相談は役に立たないと判断されても仕方がない。教師らの受容や共感を基盤にして、時には教師らの助言なども得て、幼児児童

生徒は変わっていくのである。

3. 幼児児童生徒の問題行動をどう捉えるか：応用行動分析の視点から考える

1. 応用行動分析とは

　応用行動分析の前身は行動分析（Behavior Analysis：BA）である。これは1930年代に登場した、人間を含めた動物一般の行動メカニズムを明らかにするための理論的枠組みである。歴史的には、フロイト（S. Freud）やユング（C. G. Yung）らの精神分析学に対抗するかたちで発展してきた。そして、1970年代以降、BAが人間の行動の解明や解決に応用され、大きく発展してきたものが応用行動分析（Applied Behavior Analysis：ABA）である。

　ABAの基本的な原理は「条件づけ」であり「社会的学習」であるといえる。

　条件づけにはパブロフ I. P. Pavlof が提唱したレスポンデント条件づけと、ソーンダイク E. L. Thorndike やスキナー B.F. Skinner により定型化されたオペラント条件づけの2つがある（図14-2）。レスポンデント条件づけは、無条件刺激と条件刺激の対呈示とその反復で、主に意識を伴わない生理学的な反射や感情反応が生成されるメカニズムであり、遺伝的に組み込まれた反応と、無関係な反応とを結びつけるメカニズムともいえる。オペラント条件づけは、自発的で意図的な行動の発生頻度を増大させたり、低減させたりするメカニズムであり、行動の発生頻度を増大させるには行動の後に報酬を与え、逆に低減させ

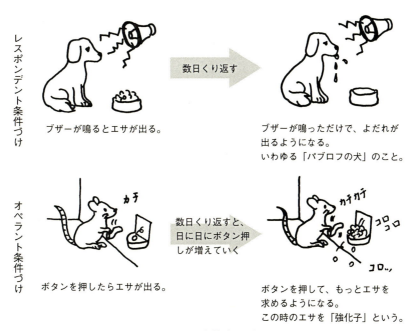

図 14-2　条件づけ理論

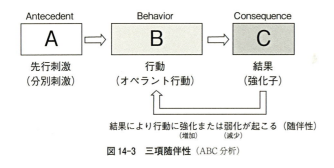

Antecedent　　　　Behavior　　　　Consequence

$$A \Rightarrow B \Rightarrow C$$

先行刺激　　　　　　行動　　　　　　　結果
（分別刺激）　　　（オペラント行動）　　（強化子）

結果により行動に強化または弱化が起こる（随伴性）
　　　　　　　（増加）　　　　　（減少）

図 14-3　三項随伴性（ABC 分析）

るには行動の後に罰を与えたり、報酬を与えないようにする。多くの人間の行動はオペラント条件づけにより習得したものと考えることができる。

また社会的学習とはバンデューラ A. Bandura が 1950 年代後半以降、提唱したことで知られている。この理論では、学習（行動の習得）が他人の行動を観察することによっても成り立つことが示され、一般に観察学習やモデリングと呼ばれている。

さて、ABA では、人間の行動を三項随伴性という概念で捉える。三項随伴性とは、「先行刺激（Antecedent）」「行動（Behavior）」「結果（Consequence）」の 3 つの連鎖のことを意味し、英語の頭文字をとって、ABC と表現される（図 14-3）。この三項随伴性に基づいた分析を ABC 分析という。ABC 分析では、人間の行動は先行条件よりも結果に影響を受けやすいとされる。

人間の行動は行動の後に良いことが生じればくり返され（強化）、悪いことが生じればくり返されない（消去）ので、望ましい行動が出現した時に良い結果（好子）が生じるようにし、望ましくない行動が出現した時に良いことが生じない、あるいは悪い結果（嫌子）が生じるようにすればよい、と考える。つまり、問題行動が起きる原因は、「望ましくない行動が出現した時に良い結果が生じてしまった（誤学習）」あるいは「望ましい行動が出現したときに良い結果が生じなかった（学習の不成立）」ということになる。

2. 実際のケースに当てはめてみる

ABC 分析を学校現場でよく見られる問題行動に当てはめてみよう。

図 14-4 は不登校、いじめ、発達障害に関する問題の一例を示している。いじめをする、パニックを起こすといった行動（B）は、その行動を行った結果（C）が本人にとって肯定的なものであるため、エスカレートしていることがわかる。学校に行くという行動（B）は、その行動を行った結果（C）が本人にとって否定的なものであるため、減少していくことがわかる。

学校で生じている問題行動に対応するため、私たちはその行動の理由を探しがちであるが、理由は複雑であり、よくわからないことが多く、また理由が特定できても問題行動の解決に役立たないことも多い。ABA では、問題となる行動の発生原因を探すよりも、問題となる行動をすることでどういう結果が生じているのかを探し出し、その結びつき（連鎖）を断ち切る方策を考える。つまり問題となる行動が継続しないような関わり方を工夫するのである。

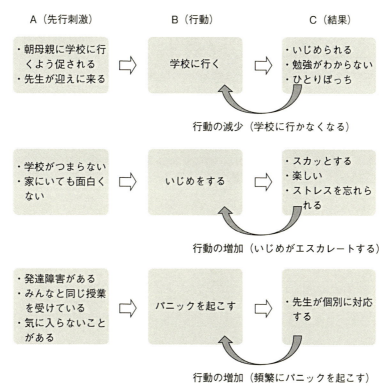

A（先行刺激）　　　　　B（行動）　　　　　C（結果）

| ・朝母親に学校に行くよう促される
・先生が迎えに来る | ⇨ | 学校に行く | ⇨ | ・いじめられる
・勉強がわからない
・ひとりぽっち |

行動の減少（学校に行かなくなる）

| ・学校がつまらない
・家にいても面白くない | ⇨ | いじめをする | ⇨ | ・スカッとする
・楽しい
・ストレスを忘れられる |

行動の増加（いじめがエスカレートする）

| ・発達障害がある
・みんなと同じ授業を受けている
・気に入らないことがある | ⇨ | パニックを起こす | ⇨ | ・先生が個別に対応する |

行動の増加（頻繁にパニックを起こす）

図 14-4　不登校・いじめ・発達障害の ABC 分析結果の例

3.　どうすれば問題行動の改善につながるか

　前述したように、人間の行動は行動の後に良いことが生じればくり返され、悪いことが生じればくり返されない。よって、望ましい行動が出現した時に良いこと（これを好子と呼ぶ）が生じるようにし、望ましくない行動が出現した時に良いことが生じない、あるいは悪いこと（これを嫌子と呼ぶ）が生じるようにすればよい、というのが基本的な考え方である。

　この時注意したいのは、できていない行動や不適切な行動を変えることに重点を置かないということである。とくに不適切な行動を変えること（問題行動を減らすこと）を意識しすぎると、不適切な行動にばかり目が向き、不適切な行動に罰を伴わせることで不適切な行動を減少させようとするあまり、無理な指導、支援になりがちである。これでは本末転倒な結果となってしまうので、図 14-5 のように不適切な行動を減らすだけでなく、子どもができる、適切な、望ましい行動を増やしていくことで、相対的に不適切な行動を減らしていくように心がけたい。

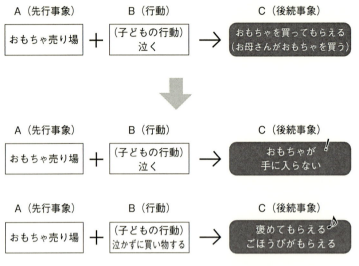

図14-5　ABC分析による問題行動の改善の例

（森　慶輔）

【引 用 文 献】

福田美智子・名島潤慈（2011）.　文部科学省の『生徒指導提要』における「教育相談」の検討　教育実践
　　総合センター研究紀要（山口大学教育学部附属教育実践総合センター），32, 47-51.

羽間京子（2003）.　スクールカウンセラーをめぐって――歴史，現状と課題. 犯罪と非行, 136,
　　122-132.

河合隼雄（2005）.　思春期のイニシエーション　臨床心理学, 5, 340-344.

文部省（1965）.　生徒指導の手びき.

文部省（1972）.　中学校におけるカウンセリングの進め方.

文部省（1981）.　生徒指導の手引き（改訂版）.

文部省（1990）.　学校における教育相談の考え方・進め方 ―― 中学校・高等学校編.

文部科学省（2010）.　生徒指導提要　教育図書.

Rogers, C. R. (1957). The necessary and sufficient conditions of therapeutic personality
　　change. Journal of Consulting Psychology, 21, 95-103.

島根県浜田市教育センター（2009）.　教育相談・生徒指導の誤解と誤用　平成20年度研究紀要

嶋﨑政男（2001）.　学校教育相談の基礎. 学事出版.

Chapter 15

学校における
心理教育の導入

1. 導入の意義

　現代の日本社会において急激な少子高齢化・核家族化現象、貧困家庭の増加などの社会的な環境の変化に加え、コンピュータゲームにみられるバーチャルな遊びやスマートフォンの急激な普及など、子どもを取り巻く環境は大きく変容している。このような状況のなか子どもたちは以前に比べ、社会性獲得面で不利な点が多く、また、親世代も子育てに不安を抱えつつも孤立しがちである。

　このように複雑で不安定な社会において、対人コミュニケーション面で特別な配慮が必要な発達障害、欲求不満耐性が低くすぐにキレる集団不適応行動、小学校入学後の"小1プロブレム"、小学校低学年にまで浸透しつつあるスマートフォンによるいじめ問題など、学校ではあらたな問題が生じている。児童生徒のみならず保護者への支援も求められる。

　子どもを取り巻く社会環境が変化した現代では、子どもが精神的な幼さを示したままトラブルを抱え、また、子どもの保護者も家庭内で不安になってしまうことは、ある意味当然であろう。このような状況から、世界的にみてとりわけ多忙な日本の教師が、実質的にしつけ領域にまで踏み込まざるをえない事態となっている。問題を解決する方策の一つとして、日本において10年ほど前から着目されている心理教育（サイコエデュケーション）を学校教育において推進することが重要であり（武田, 2017）、教育プログラムを学校の事情に応じて組みあわせて実践することにより、問題解決の一助となると考えられる。

2. 心理教育とは

1. 心理教育の定義

　心理教育は、もともと多くの人種や文化的価値観の人々を抱える米国では、学校教育において効果的なストレス対処法や対人関係スキルを授業や学級活動として取り入れていくことが求められ、開発された。心理教育とは、学校のみならず企業・市民生活における人々の心身の健康を促進するために、対人関係スキルの向上やストレスマネジメントをはじめとした心理学の諸技法・理論を用いて、主に集団を対象とした教育活動のことである。

2. 心理教育と教育相談との関係

　心理教育と教育相談は親和性のある概念である。近年、医学においては患者が病気を患ってからの治療よりも、そもそも病気にならないための健康教育や精神ストレスチェックなどの予防医療に比重がおかれるようになっている。心理学においても、クライエント（クライアント）の問題が生じてからの対処法的な教育相談よりも、それらを未然に防ぐ開発・予防的教育相談の流れにあり、この意味でも、集団に対して効果的にかかわりをもてる心理教育が期待されている。

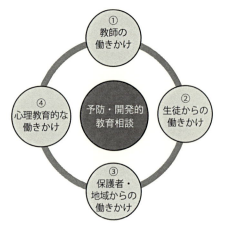

図 15-1　包括的教育相談における心理教育の位置づけ

　学校における教育相談の実践モデルを図15-1 に示す。これは、①教師による気になる生徒への働きかけ、②児童・生徒からの教師への相談の申し出、③子育てに悩む保護者への支援や PTA をはじめとした地域社会との交流や見守り体制、そして、④本章で取りあげる心理教育の積極的な導入による問題解決などが挙げられる。これら四者のアプローチが相乗効果を成し、予防・開発的な"育てる"教育相談が展開される。

3. 実 践 場 面

　学校における心理教育の導入では、実践の担当者とその場面は多岐にわたる。教員による実践例は、担任を主体とした道徳の授業実践（例：いじめの加害者・被害者・傍観者の立場に分かれたロールプレイ演習）や学級活動・ロングホームルーム活動、全校集会における生徒指導主事による児童生徒へのロールプレイ演習、担任・養護教諭によるストレスマネジメント教育、生徒の保健委員会活動を養護教諭が支援しストレス場面と対処法を全校集会で発表、そして、部活動顧問による自律訓練法をはじめとした実践等が挙げられる。

　また、スクールカウンセラーもその担い手となりうる。たとえば、感情表出に問題のある生徒へのカウンセリングにおけるアサーション訓練の導入、学年集会における心理学の知識を活用した心のメカニズム（例：フロイトの防衛機制や女子特有のグループ形成の特性）の講話、カウンセリング便り（例：いじめ加害者の類型別心理状況）の発行、友人とのトラブル等さまざまな葛藤場面における対処法についてのソーシャルスキルを取り入れた紙芝居や視聴教材の上映、そして、諸種テーマに対する教員の補佐役としてのロールプレイ実演の授業等が挙げられる。

3. 心理教育の"メニュー"

心理教育にはいくつかの技法や理論があり、学級、部活動指導、教育相談などの場面において時期や生徒の抱える問題に応じて組み合わせることにより、相乗効果が期待できる。

1. 構成的グループエンカウンター

カール・ロジャースによるベーシックエンカウンターの要素について、國分康孝が学校教育に応用し、発達段階に応じた授業プログラムを開発したものである。國分監修のもと、学校教員による複数の授業実践（主として道徳）の指導案をまとめたものが、各学齢段階に応じて出版されている（小学校：國分, 2007a；中学校：國分, 2003；高校：國分, 1999）。

2. ソーシャルスキルトレーニング（SST）

社会における対人関係を円滑にするための対人コミュニケーション技能を獲得する行動療法をベースとした訓練プログラムである。生徒は各場面に応じた行動をとることが期待され、そのことにより人間関係がよりスムーズに運ぶ。悩みの多くは対人関係に起因することが多いが、これが苦手な者にとっては、それを具体的な場面で訓練により個別や集団で学習する必要があるといえる。指導書として、河村ら（2008）が挙げられる。

3. アサーショントレーニング（自己主張／表現訓練）

自分の思いを他者に伝える対人コミュニケーション場面においては、"適度な自己表現"が重要であり、これがうまくできないと、他人に対して不快な思いをさせてしまうであろうし、そのことで自分が後悔しストレスを溜め込んでしまうことがある。これを解決するためには、具体的な課題場面において、個別や集団におけるアサーショントレーニングを行うことが有効であり、取得することにより問題が改善・解決され、その後の類似場面においてスムーズに対処できるようになる。アサーショントレーニングは自分の気持ちや感情に率直になり、自分の意見や考えを自己統制しながら、かつ、その場に適した方法で他者へと表現・伝達していくコミュニケーション能力である（園田・中釜, 2000）。

4. ピアサポート

英国の小中学校で、子ども同士によるカウンセリング的支援を行うことにより、いじめ問題や性教育において一定の成果を挙げることができ、その後、教育その他の分野において応用され世界的に広まった。問題を抱える生徒がクライエント役で、カウンセリングを学んだ生徒が、カウンセラー役になり、学校内でともに助けあう事例が報告されている。その他、授業において子ども同士が支えあう協働的学習などいくつかの応用例がある（中野・森川, 2009）。

5. ストレスマネジメント

　現代の子どもは、友人関係、受験、部活動で多忙なことに加え、現代の急激なネット・スマホのバーチャルな環境のもと、慢性的なストレス状態におかれている。とくに、性的な芽生を迎え精神的に不安定な時期に相当する中学生は、思春期と呼ばれ、個人差はあるものの、性ホルモン分泌が脳内に与える影響（例：成人に比べ、海馬や扁桃体への過度な刺激；未成熟な前頭葉の発達）が著しくなる。この作用により、自分自身が周囲の状況に敏感になり、友人・教師・親の言動に対して急激に気分の変調が生じやすくなる。このような自分自身に生じているメカニズムを、子どもは理解することが先決であり、次いで、予想されるストレス場面についてそれをどう自分なりの方法で対処（コーピング）していくか考えさせることは意義深い。

　ストレスマネジメントでは、自分のストレスを認知し、それをどのようにうまく対処していくのかについて、ストレス認知の理解やストレス対処法としての自律訓練法その他のスキルや対処法の習得を個人や集団に対して教育する。フィンランドをはじめ北欧諸国でさかんになり、近年日本にも導入され、こころの健康教育・予防教育として注目される。児童・生徒がストレスを軽減・自己管理し集中して学習ができるように、ストレスマネジメント教育を学校で実施することは重要である。また、これを体験することにより、将来、社会人となってからも自己の管理能力が高まることが期待される。いくつかの実践を紹介するテキスト（ストレスマネジメント教育実践研究会, 2010）が市販されている。

6. ロールレタリング

　ロールレタリング（役割交換書簡法）とは、サイコドラマ（心理劇）のロールプレイ技法を応用したものである。まず、教師は中身を見ず一括保管するという前提で生徒一人ひとりにノートを渡し、自分の相談したい相手に手紙を書かせる。そして、しばらく経った後に、自分が投げかけた相手になり代わり自分に対して返信を書くというシステムで、この往復書簡の作業に継続して取り組ませる。たとえば、家庭のことで悩んでいる A 子は、ステップ 1 で母へ向けた不満をノートに記し、ステップ 2 で A 子のノートを担任がロッカーへ保管、数日～1 週間程度経った後のステップ 3 として A 子はノートを開き、母になりすまして A 子（自分）へ向けた手紙をノートに記す。納得がいくまでこれらのプロセスを定期的に往復するので、自己内省が深まるのと同時に問題解決能力も養われる。実践例や課題テーマの提示については、実践例を特集した松岡・小林（2007）を参照。

7. 心理学理論の授業への活用

　心理学の諸理論を中高生にもわかりやすく教授することは意義深い。たとえば、高校の倫理でフロイトの防衛機制を取りあげるテキストがあるが、他にも学校教育に寄与する理論や技法は多い（例：杉田・春日, 2009）。また、自己理解や対人関係の理解のためのエゴグ

ラムをはじめ道徳などの授業実践で扱える授業テーマがテキストに含まれている。さらに、人権教育の活用例として、多様な文化的価値観を示す外国籍の児童生徒、スマートフォンによる仲間外れ・いじめ、そして、性的マイノリティーの LGBT の理解が挙げられる。

8. 精神疾患の理解

思春期以降、気分障害のうつ病、統合失調症などの精神病、パニック障害などの諸種の神経症、そして、摂食障害など、この時期は精神的な症状が出現してくる。とくに、自殺についてはうつとの高い相関が指摘されるので、早期発見・早期治療が重要になってくる。教師はこれらの精神疾患についてある程度の病識を備えていれば、考えられる生徒に対しての声掛けや心療内科や精神科クリニックを勧めることが可能となる。これらの知識を獲得させることにより、卒業後の長い人生のなかで、うつ病になった際の早期受診や自殺の予防効果など、人生における中・長期的に影響を及ぼす "種まき" の役割を果たせる。

9. リフレクション（省察）

対人関係における悩みや他者へのかかわりのなかで、じっくりと洞察や内省することによって自己理解の深まりや人生哲学の構築が期待される。ここで、リフレクションを促す教育には、日本の心理療法として内観法が挙げられ、また、学校教育においては前述の構成的グループエンカウンターにもその要素が含まれていると解釈できる。ちなみに、このリフレクションは、昨今、欧米のビジネスや教育界で着目されている "マインドフルネス"（リラクゼーション・腹式呼吸法のマスターにより、感受性が豊かになり、心身が安定した状態になる）と親和性があるとも考えられる。高校や大学においてリフレクションを体系立てて取得するには、武田（2011）の実践するリフレクティグプラクティスが有効であろう。この他、吉田ら（2002）は、主として社会性や空間認知など心理学一般の理論や知識を応用した学校教育における授業案と指導法を列挙している。

4. 発達段階に応じた心理教育

以下、子どもの発達段階に応じた心理教育を小学から高校についていくつか列挙する。

1. 小　学　校

とくに１年生では、しつけ面ができていないまま入学してくる児童が少なからずいる。たとえば、教室で落ち着きがなく着席し続けられない、順番を待てないことや悪いことをしたら謝るという基礎的なしつけ面の習得ができていないなどが挙げられる。これらしつけ面の獲得のためには、絵本や紙芝居を用い、パペットや指人形でロールプレイを行いながら楽しくソーシャルスキルトレーニングを行うよう工夫する。また、軽度発達障害の児

童には、感情を制御できるように個別支援プログラムを用いた訓練が必要となる。さらに、感情のコントロールができない子どものためには、アサーショントレーニングやストレスマネジメントが有効である。

2. 中 学 校

　この時期は、子どもと大人との境界を行き来する思春期と呼ばれる反抗期に該当し、また、自分らしさを自覚しつつある時期でもある。対人関係の深まりと同時に傷つく場面を経て成長するが、つまずいたままのケースもある。部活動や体育祭などの行事を通じて成長するが、同時にトラブルも多い。また、いわゆる"中1ギャップ"にみられるような、入学後5月連休明けからの不適応・不登校問題が生じる場合がある。また、行事に伴いとくに女子のグループ形成の問題が生じやすく、さらに、3年生は夏休み後から受験のストレスが溜まりやすい時期に入る。これらの問題の多くは対人関係に起因するものが多いが、集団力学を用いた構成的グループエンカウンター、友人関係を深めるピアサポート、そして、クラスが落ちつかない・イライラしやすい・キレやすい・いじめ問題・受験期のストレスなどの多くの問題に対しては、ストレスマネジメントがとくに有効である。

3. 高 等 学 校

　アイデンティティーの確立が一番の課題であり、心身の発達ともにジェンダーの自己認識を確立させて将来の進路や就職を決定する時期である。この発達段階では、ピアジェの「形式的操作期」にみられるように成人と同等の認知・思考が成されるので、心理教育もより積極的な導入が可能となる。実践例としては、洞察力を深めるためのリフレクティブプラクティスやロールレタリング、また、國分（2007b）が紹介する進路指導やガイダンスにおける心理教育、さらには、卒業後の精神衛生を保つため、精神疾患についての教育などが挙げられる。

5. 問題場面に応じた心理教育

以下、より具体的な問題場面に応じた導入場面について、提案する。

1. 中学1年・高校1年の入学当初

　入学時は、学年編成のクラス替えとは異なり、全く新しい環境に適応することが求められる。ここでは新しい友人との出会いから人間関係が始まるので、自己紹介やクラスのオリエンテーションは必須事項である。レクリエーションを兼ねてグループエンカウンター導入部分のショートエクササイズ（國分, 2009）を行い、リラックスした雰囲気を構築させたい。これらエクササイズを通じ、優劣があまり顕在化しないで体を適度に動かすグルー

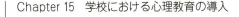

プワークにより、心身のリラックス効果やこころのカタルシス効果（無意識的な問題に関して言語や身体表現を通じての表出により、うっ積した感情が発散される）が期待される。

2. 落ち着かない・授業に集中できないクラス

　クラスで2〜3人の子どもが落ち着かない場合、クラス全体が落ち着かなくなり、最終的には、学級崩壊を招きかねない。また、元気のよすぎる子どもが、そのエネルギーを持て余しうまく発散できていないことも考えられる。さらには、これらの子どものなかには、軽度発達障害により、勉強に興味を失いつつある場合も含まれていることもあり、担任は個別対応が必要になってくる。落ち着かない生徒に対して担任はまずそれを改善することが求められるであろうが、特定することが困難な場合やクラス全体の雰囲気を落ち着かせるためには、まず生徒全員に対してストレスの度合いを認知させるためにストレス・チェックリストを実施し、次にボディーワークを伴うストレスマネジメント、そして、実施者の習熟が必要ではあるが心理療法のフォーカシングも有効であろう。

3. いじめや悪ふざけの多いクラス

　一因として、特定の生徒の心理状態が不安定で、また、クラス全体がストレスフルな状態である場合が考えられる。この場合、ストレスマネジメント教育が有効であるが、他に、道徳におけるグループエンカウンターの充実やピアサポートの導入が考えられる。道徳教育では、サイコドラマの技法の一つであるロールプレイングを用いて、いじめの加害者・被害者・傍観者の各々の立場に分かれて実際に3・4名一組によるワークや教員によるロールプレイ実演の試みにより、生徒に深い印象や気づきを与えられる。その他、教師がいじめを見逃さないというメッセージを示すために、いじめに関する書籍（例：朝日新聞社編, 2012）を学級文庫として各教室に配置しておくことも有効であろう。

4. 受験勉強で疲れているクラス

　高校受験や大学受験の場面においては、ストレスマネジメントが有効であろう。運動や睡眠不足による心身の不調を訴える生徒が多いことも考えられるので、ペアストレッチや臨床動作法（教師自身による事前学習が必要）により、リラックス体験や緊張の解放効果が期待できる。また、自律訓練法を一斉に実施し、生徒自身にリラクセーションの仕方を学習させることは有効であろう。自律訓練法には、リラックス状態を導くための市販 CD を併用することにより効果が倍増する。例として、クラシック、とくにバロック音楽；脳内 α（アルファ）波を促すシンセサイザー音楽；環境音楽（波や動植物など自然界の音源自体やこれらをベースとした楽器とのハーモニー演奏などがある。

　さらに、受験期の不安定な状況におかれている高校生に対しては、精神的疾患一般についての理解を深めさせることは、自分の精神状態をモニタリングできるため有効である。

6. おわりに

　次世代を育てる社会的責務を担う職種である教師は、子どもの自己実現のために、まず子どもの心理面を深く理解し、また、心理教育の促進者として授業や学級活動で導入することが望まれる。そのための前提として、教師自身のストレスマネジメントや自己理解、そして、教師自身の社会への積極的な関与と感性を養うことが重要であろう。また、教師自身も児童生徒の"良きモデリング"としての対象になるように、日々、適度にアサーティブになれるよう、また生徒が表出するアサーションに対してその行動の背後を冷静に分析する姿勢が欠かせない。さらに、心理教育は、教科化に伴いますます充実が期待される道徳教育（第12章参照）と親和性がとても深いため、今後はより積極的な授業での活用が期待される。

（武田　明典）

【引 用 文 献】

朝日新聞社編（2012）. 完全版　いじめられている君へ　いじめている君へ　いじめを見ている君へ. 朝日新聞出版.

河村茂雄・品田笑子・小野寺正己編著（2008）. いま子どもたちに育てたい学級ソーシャルスキル. 図書文化.

國分康孝監修（2003）. エンカウンターで学級が変わる：中学校編. 文化図書.

國分康孝監修（1999）. エンカウンターで学級が変わる：高等学校編. 文化図書.

國分康孝監修（2007a）. エンカウンターで学級が変わる：小学校編 Part3. 文化図書.

國分康孝監修（2007b）. 実践サイコエジュケーション. 図書文化.

國分康孝監修（2009）. エンカウンターで学級が変わる：ショートエクササイズ集. 図書文化.

松岡洋一・小林剛（2007）. 現代のエスプリ：ロールレタリング. 至文堂.

中野武房・森川澄男（2009）. 現代のエスプリ：ピア・サポート. ぎょうせい.

園田雅代・中釜洋子（2000）. 子どものためのアサーショングループワーク. 日本・精神技術研究所.

杉田峰康・春口徳雄監修（2009）. 子どものためのエゴグラム・ロールレタリング実践法. 少年写真新聞社.

ストレスマネジメント教育実践研究会編（2010）. ストレスマネジメント・テキスト. 東山書房.

武田明典（2017）. 中学校・高等学校における子どもの心理　会沢信彦・安齋順子編著　改訂版教師のたまごのための教育相談. 北樹出版.

武田明典（2011）. 育成事例⑧内省力の育成：リフレクティブ・プラクティス. 楠見孝・子安増生・道田泰司編　批判的思考力を育む. 有斐閣.

吉田俊和・廣岡秀一・斎藤和志編著（2005）. 学校教育で育む「豊かな人間関係と社会性」. 明治図書.

【執筆者紹介】 (執筆順)

秋田 喜代美 (あきた きよみ) (第1章、コラム5)

東京大学大学院教育学研究科教授。世界授業研究学会（WALS）副会長。学校（園）での校（園）内研修に関与しながら教授学習過程の研究に従事。近著に『学校教育と学習の心理学』（共著）『講座教育変革への展望　学びとカリキュラム』（共編著）いずれも岩波書店、など。

松木 健一 (まつき けんいち) (第2章)

福井大学理事・副学長。専門は、教育臨床心理学、学校改革を通じた教員の成長のための省察。主な著書に『共同で物語る総合学習』川島書店、『建築が教育を変える』鹿島出版、『共に学び共に生きる』伊那小学校、信州教育出版、など。

村瀬 公胤 (むらせ まさつぐ) (第3章、コラム1)

一般社団法人麻布教育研究所所長。教育コンサルタントとして、日本および海外の学校や教育委員会等で指導助言を務める。主な著書に『教育研究のメソドロジー：学校参加型マインドへのいざない』（共著）東京大学出版、『教育心理学キーワード』（共著）有斐閣、など。

楠見 孝 (くすみ たかし) (第4章)

京都大学大学院教育学研究科教授。専門は、批判的思考、意思決定、熟達化、比喩理解などに関する認知心理学、教育心理学。主な共編著書に、『ワードマップ　批判的思考：21世紀を生きぬくリテラシーの基盤』新曜社、『実践知：エキスパートの知性』有斐閣、など。

池田 政宣 (いけだ まさのり) (第5章、コラム1)

神田外語大学外国語学部特任教授。千葉県教育庁高校教育課管理主事、千葉県立高等学校の教頭及び校長を経て現職。主な著書に『レクシス英和辞典』（共著・旺文社）、『GENIUS ENGLISH WRITING COURSE REVISED EDITION 準拠 評価問題集』及び『同ワークブック』（いずれも共著・大修館）、など。

大城 進 (おおしろ すすむ) (コラム2)

放送大学沖縄学習センター客員准教授。沖縄県立芸術大学非常勤講師。県教育庁主任指導主事、県立球陽高校長などを経て現職。県高等学校長協会長等を務める。専門は理数教育、教育指導。論考に「学級経営を考える」『教職課程年報 vol.1』沖縄県立芸術大学、など。

知念 渉 (ちねん あゆむ) (第6章)

神田外語大学外国語学部講師。専門は教育社会学、家族社会学。

著書に『〈ヤンチャな子ら〉のエスノグラフィー』青弓社、『子どもの貧困・不利・困難を超える学校』学事出版、『調査報告「学力格差」の実態』岩波書店（いずれも共著）などがある。

嶋﨑 政男 (しまざき まさお) (第7・8章)

神田外語大学外国語学部客員教授。公立中学校教諭・教頭・校長、東京都立教育研究所指導主事、福生市教育委員会指導室長・参事を経て神田外語大学教授。日本学校教育相談学会名誉会長、千葉県青少年問題協議会委員等を務める。主な著書に『学校崩壊と理不尽クレーム』集英社新書、『脱いじめへの処方箋』ぎょうせい、『入門学校教育相談』学事出版。

北島 善夫 (きたじま よしお) (第9章)

千葉大学教育学部教授。専門は障害児心理学。主な著書に『重症心身障害児の認知発達とその援助－生理心理学的アプローチの展開』(共著)北大路書房、『シリーズ学校で使えるカウンセリング第5巻 LD・ADHDとその親へのカウンセリング』(編著)ぎょうせい、など。

井上 惠美子（いのうえ　えみこ）（コラム3）

フェリス女学院大学文学部教授。専門はジェンダー教育学。主な著書は、『ジェンダーと教育の歴史』川島書店、『日本ＰＴＡ史』日本図書センター、『多文化・共生社会のコミュニケーション論－子どもの発達からマルチメディアまで－』翰林書房（いずれも共著）、など。

武田 明典（たけだ　あけのり）（編者、第10・15章）

神田外語大学外国語学部教授。臨床心理士、千葉県・福島県スクールカウンセラー。専門は、教育心理学・臨床心理学。主な著書は、『改訂版　教師のたまごのための教育相談』（共著）北樹出版、『批判的思考を育む』（共著）有斐閣、など。

河村 茂雄（かわむら　しげお）（コラム4）

早稲田大学教育・総合科学学術院教授。臨床心理士。日本教育カウンセリング学会理事長。日本学級経営心理学会理事長。日本教育心理学会理事。著書『アクティブラーニングを成功させる学級づくり』誠信書房。『アクティブ・ラーニングのゼロ段階』図書文化。

田中 真紀子（たなか　まきこ）（第11章）

神田外語大学外国語学部教授。専門は教育学、応用言語学（英語教育）。千葉県船橋市英語教育推進委員会有識者代表。児童英語教育研究センター（CTEC）センター長。著書に『英語のプレゼンテーション』（研究社）、『小学生に英語の読み書きをどう教えたらよいか』（研究社）、など。

土田 雄一（つちだ　ゆういち）（第12章）

千葉大学教育学部教授。千葉県公立小学校、南アフリカ共和国ヨハネスブルグ日本人学校、市原市教育センター所長、市原市立白金小学校長等を経て現職。専門は道徳教育、国際理解教育、教育相談等。主な著書に『国際性を育てる道徳の授業』明治図書，『こころを育てる創作トランプ』（編著）図書文化、など。

松田 憲子（まつだ　のりこ）（第12章）

千葉県子どもと親のサポートセンター研究指導主事。青森県公立小学校、千葉県公立小学校、習志野市総合教育センター指導主事を経て現職。専門は道徳教育、教育相談。ＮＨＫ・Ｅテレ「ココロ部！」「オン・マイ・ウェイ」等の番組委員を務める。

藤川 大祐（ふじかわ　だいすけ）（第13章）

千葉大学教育学部教授。専門は、教育方法学・授業実践開発。数学、道徳、ディベート、メディアリテラシー教育、キャリア教育等の新しい授業プログラムや教材の開発に取り組む。主な著書は、『授業づくりエンタテインメント！』（学事出版）、『スマホ時代の親たちへ』（大空出版）、など。

森 慶輔（もり　けいすけ）（第14章）

足利工業大学教職課程センター准教授。臨床心理士、学校心理士スーパーバイザー。公立学校スクールカウンセラーを経て現職。専門は教育心理学、臨床心理学。主な著書は、『学校臨床——子どもをめぐる課題への視座と対応』（共著）金子書房、など。

教師と学生が知っておくべき教育動向

2017 年 9 月 5 日　初版第 1 刷発行
2019 年 9 月 5 日　初版第 2 刷発行

　　　　　　　　　　　　　　　編著者　武 田 明 典
　　　　　　　　　　　　　　　発行者　木 村 慎 也
・定価はカバーに表示　　　　　印 刷　新灯印刷 ／ 製本　新灯印刷

発行所　株式会社 北 樹 出 版
http://www.hokuju.jp
〒 153-0061　東京都目黒区中目黒 1-2-6
TEL：03-3715-1525（代表）　FAX：03-5720-1488